WORD SEARCH FOR ADULTS

Thank you for your purchase!

If you like the book please consider leaving an Amazon review, it would only take a minute and it could help others discover our book.

Table of Contents

How to Solve Word Search Puzzles

Find all the hidden words listed below the puzzle by searching the grid in all directions: Horizontally, Vertically and Diagonally, going Forwards or Backwards.

◇ Horizontally

◇ Vertically

◇ Diagonally

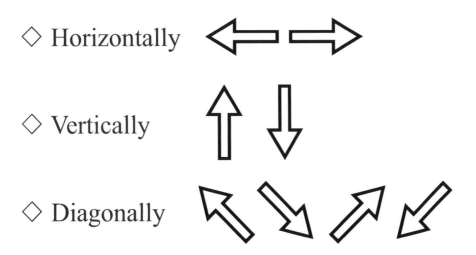

Words containing a Space are compressed into one Word. Example: **HOT SAUCE** will be **HOTSAUCE** in the puzzle.

Circle or highlight when you find a word in the Grid and cut it off the list.

Words can cross each other in the puzzle.

You can find the solution of each puzzle starting with page 107.

ANIMALS

```
L C D I X V D S G H D B F H M U A X
S H N O C T U R N A L B A A R B J R
Y Y T X D O M E S T I C A T E D C O
R E T I M J A D J O T X L X P A R Y
R N N O B D M I O R C Y S Y T D U Y
K A N D T B M F K S Z H G M I J N A
S E O R A O A N U G O R I L L A O Y
V N V I S N L R T W O P R P E A I S
J O C B I X G A C G L Y A K M S T Q
O O Z K T Q I E S O O M F J F U A Z
N C A R N I V O R E G I F A Y R N J
D C P A R A S I T E Y G E P O L R K
Q A V F Y C N T G A D R Q W M A E S
J R U M E L D B H Y A A O T K W B E
F K K Q P N P R E D A T O R I R I K
T F I M M K S M N A F I D T Z G H M
X N Q J Z Q K C A E C O S Y S T E M
D M Q A M P H I B I A N V N L Y F R
```

AMPHIBIAN	HIBERNATION	RABBIT
BIRD	HYENA	RACCOON
CARNIVORE	LEMUR	REPTILE
CHIPMUNK	MAMMAL	TIGER
DOMESTICATED	MIGRATION	VENOMOUS
ECOSYSTEM	MOOSE	WALRUS
ENDANGERED	NOCTURNAL	ZOOLOGY
GIRAFFE	PARASITE	
GORILLA	PREDATOR	

Solution at page : 108

COLORS

```
D X D Z F C A J V G U B Z B P N X H
U Y X D R T E L O I V S R V A L C B
E O A N E U R C T C V H Z S L O J G
H P O T O R A N G E L A G R Q C M L
E P I N K Q M E F Q R X I R R U O I
Y H W B L U E E L C A U U F L D J K
W N K X Y O M R A X X K S L E M R O
Q Q B B E I G E J U D X I T M A R L
S H Q E L S P P D R V W E A A R I V
C E R U L E A N B Q U T N G U O H T
T U K D O P G E H H U M N Y V O L E
K I G R W B R O W N Z M A G E N T A
U D G C L U E U F O O D I R N T O L
Z H P O W E E X P B P B L A C K D I
I U O G I D N I R T K L Y Y S C E C
V Q M D V Y O M U R T C E P S V O A
Z N F M Q V V L C T X F A Y T R C L
E C L G P M E Q D K B F J F A C J U
```

BEIGE	LIME	SIENNA
BLACK	MAGENTA	SPECTRUM
BLUE	MAROON	TEAL
BROWN	MAUVE	TURQUOISE
CERULEAN	ORANGE	VIOLET
CYAN	PINK	WHITE
GRAY	PURPLE	YELLOW
GREEN	RED	
INDIGO	RUST	

Solution at page : 108

FRUITS

```
V Y Y G W K R L K N S M J D C S P N
S Y A U X A P R I C O T W I M D X A
P U R B T R P I M R R M K F I X D U
B S O N Y O V E R R I P E J S H Z S
L M B E H M X C P U T N Q L V P A E
K Q O C U A G X V I S S W T T C H E
U O A T N T P I N E A P P L E Y R D
X E N A S I I U Q G O K O J E B X Q
P R N R R C T C L N T G Q B W A E D
U A L I Q Q S T F P N E A I S S Z E
B P Z N W U Y T N A D I X O I T N A
B I U E J I A O M J W W Y R A E A U
G I Q S O N K T D Y O C B C X M N I
G J S X M C L C R A S D L L A W S A
V G X N Y E E R S T C L X J U I C E
R S H W A T E R M E L O N Q W K V A
F W W R C H P N D B F Y V I Q U X U
Z E R O C N Y H E O D F T A X I R A
```

ANTIOXIDANT	JUICE	PINEAPPLE
APRICOT	KIWI	PIT
AROMATIC	LEMON	PULP
AVOCADO	MANGO	QUINCE
BANANA	NECTARINE	SEED
CHERRY	OVERRIPE	STEM
CORE	PEACH	SWEET
JAM	PEEL	WATERMELON

Solution at page : 108

VEGETABLES

```
T A P G N S S Z U A I L L U T C T C
L O U I A I L O C C O R B Y W A F Y
N R M E L S B L J E E W Y Q O U D E
W H P A N W W C C P L B D X O L O A
A C K O T P M L P U A E I H U I U P
G A I E D O J E V U C R R F N F K D
F N N J V W P Q O V X U H Y G L P F
O I X S H L K O Z E Q T M L C O O Z
J P B O L R W Z T G L X A B T W M A
I S K E Q C A B B A G E M K E E E F
D Y B Y R A O U E N T S C W W R Y U
E T K S C R N H B O S O Y X T O D T
P X N C U R Z U S E A S O N A L L H
D Q L P V O O Z C I N A G R O C Y F
P T P P H T C L V M D G G F J L A D
F J U D V J E G G P L A N T I D O M
C L T D Y U U I O Z Z H R F A J D I
E A Y G Z O S J Q I U K F L L B V Z
```

BELL PEPPER	EGGPLANT	PUMPKIN
BROCCOLI	FIBER	RADISH
CABBAGE	HEALTHFUL	SEASONAL
CARROT	ONION	SPINACH
CAULIFLOWER	ORGANIC	TOMATO
CELERY	PEAS	VEGAN
CUCUMBER	POTATO	

Solution at page : 108

SPORTS

```
E G S T L B M M G R G X R G A B M Q
I B D W X S P O R T S M A N S H I P
L V Z W R E S T L I N G S I Y Y B X
S N O W B O A R D I N G L M W S E S
M O K A R A T E E I D O C M B W N V
T E A M W O R K L Q L L G I A A P D
B M H L Z E G C F S A F I W S G V X
U A T O D O Y Y H S N L J S K G J E
N T S O C C E R M E E R E F E R H P
Y H M E E K Y F A N R H F J T A C U
J L S N B S E J R T A Y O U B N P L
L E R D M A V V Y A I L S O A A I R Q
K T K U Z H L C T F L K T G L M B B
N I H R O N Z L H V G Y B I L A Y E
A C N A B A T T O W X U A L C T R R
R S W N X H C T N Y A H L I Q S K H
R F C C G B M Q L O W H L T Q D I K
F F L E X I B I L I T Y N Y G N P K
```

AGILITY	FITNESS	SNOWBOARDING
ARCHERY	FLEXIBILITY	SOCCER
ARENA	FOOTBALL	SPORTSMANSHIP
ATHLETICS	GOLF	STAMINA
BASEBALL	GYMNASTICS	SWIMMING
BASKETBALL	HOCKEY	TEAMWORK
CYCLING	KARATE	WRESTLING
ENDURANCE	MARATHON	
FAN	REFEREE	

Solution at page : 109

OCCUPATIONS

```
F C N P A R C H I T E C T H G G F E
N N O I N U Y N S J O Z O R R K S A
Y O V N M A N A G E R W E E K A D L
O I N T N I V T Q E K R N F L P E C
R S U E O C J H S X U G Z A X U C O
T S E R J A E U W L I B R A R I A N
J E C N Z R M X F S K Y F J F D L S
E F U S R E C N E I R E P X E O P U
S O R H F E S D H C D U C Z W C K L
U R Y I Z R A C C O U N T A N T R T
P P R P L O C O I Z J T L G R O O I
U I E D M M R R E Z M I V K R W N
N Z E M P L O Y M E N T W V R P S G
R E N V U A R T I S T T X J E L W T
N A I C I R T C E L E Q I K W G Z U
Y C G X J N S R C K Z K Z S O M Q O
X E N T R E P R E N E U R Y T G S G
K T E A C H E R X X Z S P T B H D F
```

ACCOUNTANT	ELECTRICIAN	PROFESSION
ACTOR	EMPLOYMENT	RESUME
ARCHITECT	ENGINEER	SALARY
ARTIST	ENTREPRENEUR	SCIENTIST
CAREER	EXECUTIVE	TEACHER
CHEF	EXPERIENCE	UNION
CONSULTING	INTERNSHIP	WORKPLACE
DESIGNER	LIBRARIAN	
DOCTOR	MANAGER	

THE HUMAN BODY

```
X S O B K D Q B G F U I K F X X Z R
M C N I B M O D R A Q U M T Z V I L
D X V A N K L E C J C P Q Q D P X W
E T D T J B D R B Y O Q B N G D Z G
T L R L V L N A C E S O P H A G U S
T U B A U A D P E A R C Z Y S L J Z
F E N O C A D N R H A N D H T J W M
V I H V W H K G D T I W E H S B V C
J S G N U L E T F U M O B A A W F R
N N E M O D B A A O Y M E G P U N U
T S Y O X H E U H M T R W W Q V G B
Y R E K T C E C H Y C F T R J A H D
V E U L I G A M E N T S H R T B H K
U G H C C M E B A O K S R A F K A Z
P N P Q O S W P H F Y R O O U C K X
Z I B T Z Z U O F O O R O V H Q I X
C F S S N M B M M O H Y Z H N G D K
J D P V A E S H B T O N G U E N L T
```

ABDOMEN	HAND	SHOULDER
ANKLE	HEAD	STOMACH
EAR	KNEE	THROAT
ELBOW	LIGAMENTS	TOES
ESOPHAGUS	LUNGS	TONGUE
EYE	MOUTH	TRACHEA
FINGERS	MUSCLES	
FOOT	PANCREAS	

Solution at page : 109

FLOWERS

```
C E T L R P I L U T R F R G X W X R
F L G K O O L A S P K M D S B B E Q
H E Z B G F S V A K L L X G T W Y E
H G U B B Q G E N I M S A J O N S B
F F D L C A R N A T I O N L A W J Y
X Y R L S J A D B X N N F T H V P S
R P E A A P V E Y O Q N O F V Z T N
K D E F G J E R I R U B L U B A Z A
L J P T C R T T Y S U Q J R M M S P
N A E W U T A H A Y T Z U E Z L D E
J L M G X N C N P L L E N E D R A G
Y M O L I F I R C P T I M S T Y I Q
I K O L O X V A I E N F L O R I S T
W I L D F L O W E R S O I Y Z L Y I
F O B D J G K F Q A D S A D Z I H X
P L V Y G M Y C Y J K B Q A X S H O
E D P H I W L E O C X M Q K K X N R
L C S K R Z H O N E Y S U C K L E K
```

BLOOM	GARDEN	POLLINATION
BOTANY	HONEYSUCKLE	RHIZOME
BOUQUET	JASMINE	ROSE
BULB	LAVENDER	STAMEN
CARNATION	LILY	SUNFLOWER
DAISY	PANSY	TULIP
FLORIST	PETAL	VASE
FRAGRANCE	PETUNIA	WILDFLOWERS

Solution at page : 109

MUSICAL INSTRUMENTS

```
D Y O E X W P T H A R M O N I C A P
B E U N H Z E M F F N S W M B Z D T
U U E I Q P L B I X S S T B D E I N
L C K R M P I A N O W U R R U E K Y
W O B U E U K N J V M S O C Q U B C
R A R O L X D J I G E T M M X L N S
W T A B Q E C O N T R A B A S S D Q
Z T D M T R L B C I R I O N B E Z Y
J H Z A G I G E Y Z B N N D N M I P
I V S T N T M I F L U T E O Q R C D
E H S N J N C B A A J G H L J W G E
I F R E T B O A R D U P O I Q M U H
L S A X O P H O N E O X A N P B I Q
I J K H Y I V I B R A T O T G R T R
Z Y V U C O A C C O R D I O N E A M
X S V Z A D C I T S U O C A Y V R T
E N Y C W I M O U T H P I E C E G F
C P R K D Y F D S H R J X I N R R B
```

ACCORDION	HARMONICA	TAMBOURINE
ACOUSTIC	MANDOLIN	TIMBRE
BANJO	MICROPHONE	TROMBONE
BOW	MOUTHPIECE	TRUMPET
CONTRABASS	PIANO	UKULELE
FLUTE	REED	VIBRATO
FRETBOARD	REVERB	VIOLIN
GONG	SAXOPHONE	
GUITAR	SUSTAIN	

Solution at page : 110

HOT AIR BALLOON

```
P V Z D P X C X R A E G H Q W N Z J
X J Y Z G H K F F T P R C Z Z R G M
B Z G N I D N A L N M A E R P X B Q
V P L L A O P T I A C S G P P N C G
P P I R O S V H G L M C D U R B A N
A U P L X A A H H M E E R G U S T B
X P L M O Z D O T T Z N O Y V A A Z
T A K E B T R T S J L D P A K E K V
B U R N E R I A A W U I L J E R E C
K O I A K F F I E P A V I W C I O T
K J T P B S T R Z F E T N C H A F M
U X R O L I C L E N P S E L E L F S
V W Q R Y E M A D P O O Z L O C X Z
Z S Z P S I S K P B L G B A R H M X
W C U A W I X A O M E C T B C F Y B
D N H I K X Y S T I V I C I L C P R
P C D E F L A T I O N U Z P R A D H
M U D T A Y K F W G E G M L N X S T
```

AERIAL	DROP LINE	LANDING
ASCEND	ENVELOPE	LOAD TAPES
BALLOON	FLAME	PIBALL
BURNER	FLIGHT	PILOT
CHASE CREW	FLOATING	PROPANE
DEFLATION	GAS VALVE	TAKEOFF
DRIFT	HOT AIR	

Solution at page : 110

WEATHER

```
T Z O G Q U L P L X H G U S T P M S
Q T E M P E R A T U R E P P P H V O T
I H U M I D I T Y A R U B H E R J L
Y U A G S U C S G T S A C E R O F X
T N B B Q L R L B M D T U J M I X D
E D W J O J E F G O F P P W O T D Y
B E M U I O G E O S N R X W M F V X
N R D N E E D L T P W E H H E Y A R
Z S U F H N F A C H Q C X P T M A H
W T I X R O P Z N E S I N G E M L R
I O H I E L Z Z I R D P V E R J Y Y
R R W C T E E V E O I W E G P Q H
K M E N A Y A L I G H T N I N G F P
M G I O M C K T O O F A N C N X Z T
V S G N I C Q F A Z F T S N T D U M
Y Q E A L M U H D O G I R C P J G C
W R B Y C E M M O N S O O N U X B X
B W Z Z W Z M N C E S N O W M D B M
```

ATMOSPHERE	FORECAST	SNOW
CLIMATE	HUMIDITY	TEMPERATURE
CLOUDS	LIGHTNING	THERMOMETER
CYCLONE	MONSOON	THUNDERSTORM
DRIZZLE	OZONE	TORNADO
FLOOD	PRECIPITATION	WIND
FOG	SLEET	

Solution at page : 110

CLOTHING

```
J F F U Y A Q V Z O C V K L K Y N Y
O Y X D E M B R O I D E R Y J E U N
C Y U T V R E T A E W S H A K C F L
P Y D U T P A N T S U Q H F H Z A N
X T Y N P S X Y E M H F M O G C W B
Z K X I R F S B C I R B A F E E H C
L I Z C F A N U A T Z K D R E S S E
U I S V J S E R R T E L E C A R B W
U D G X X T A C D E S F S Q R Z S X
D J W Y E E C I N R L M H R K T X
X N T Z M N E W G S T E G N I R F K
M J M A T E R I A L D P L B N R T L
D H F J O R S M N G S G O O G C T B
G V X J O C A T S F K K V W S K E J
Z J C F I J N W J A C K E T O F K N
A T C N A A V I M B G S S I M V C V
H E P P M E R U A C O R S E T E O S
F J C D Y D D X V R R W O G C U P V
```

BOWTIE	FRINGE	RAINCOAT
BRACELET	GLOVES	SHIRT
CARDIGAN	JACKET	SHOES
CORSET	LACE	SNEAKERS
DRESS	MATERIAL	SWEATER
EARRINGS	MITTENS	TUNIC
EMBROIDERY	PAJAMAS	ZIPPER
FABRIC	PANTS	
FASTENER	POCKET	

Solution at page : 110

FOOD

```
N M Z N Y O D I Z X C W D M W V P Q
E H S Y Y Z P I K K G W Z P A Z I J
M U O J M A R I N A T I N G C D H L
D T G R I L L I N G E T T E L E M O
B P A K P G C W J F R E S S S S O S
M A I N C O U R S E O E A X A O N O
D X C M Z U I C Z W E U D L U A U D
K B B O G R I I B H D L A I C N U P
G A J Z N M T S C Q T D C K E F V V
Q U X T S E E Q I U Y E E R T N E G
V L V R P T S A F N O O D L E S T H
F P B P V C E D T B E F L A V O R G
B U A U X L E A E B H S W C G B E E
I M H S B K M C M X A P B Y O H S D
S L S I T H D R T I J L T D Z T S Q
U Z D C P A T K R B N Y L S T K E Q
A E E R Z V F Q B L V G A S P Z D P
H U P J I R V I Y M M F E Q B U S Y
```

APPETIZER	GOURMET	PASTA
BACON	GRILLING	SALAD
CHEESE	INGREDIENT	SAUCE
CUISINE	MAIN COURSE	SNACK
DESSERT	MARINATING	SOUP
EDIBLE	MEATBALLS	STEAMING
ENTREE	NOODLES	
FLAVOR	OMELETTE	

Solution at page : 111

INSECTS

```
J C B F T S Y P I I L N N N O E X V
N I B F E G C T A R A N T U L A P S
D B A G W R A S M M L H E X Y M U C
B E C W I A M H O V W I R P O O C L
O Q N Y H S O L S R A O M A N T I S
D G Y L M S U C Q R S R I I R H S P
V U Z F F H F P U T P O T M D S T R
Z B U N C O L K I S V I E Z O Z P S
G Y F O A P A N T U H I V E F A P J
M D V G T P G D O C R I C K E T C N
O A C A E E E E X O S K E L E T O N
L L N R R R E Q K L I S P F N O C O
Q I M D P E W C E M V O T R C T K I
T C N N I R D A C Y L K P O Z Q R P
G T J O L B V I P I N J C F E I O R
I F M S L R L Q P T K R G X P B A O
A A P T A B S E D S W A R M V X C C
R S G L R D S X F F G I O O U F H S
```

CAMOUFLAGE   HIVE   SILK
CATERPILLAR   LADYBUG   SPIDER
CHITINOUS   LARVAE   STINGER
COCKROACH   LOCUST   SWARM
COCOON   MANDIBLE   TARANTULA
CRICKET   MANTIS   TERMITE
DRAGONFLY   MOSQUITO   WASP
EXOSKELETON   MOTH
GRASSHOPPER   SCORPION

Solution at page : 111

SEA CREATURES

```
Q Z M B N P T R E Z B A K N U K Z H
C M R W F O E U S C P I G G G Q D X
G J L C Z U T E N N M F B M Q L M G
S E E D R C A K O C T O P U S P X V
K L U R Z G A K N E K X S K W I M G
J L P I U A N S N A O Z F Q E N S D
Q Y O L C B O T W C L D F Y B C Z L
A F L B H H A V D O L P H I N E N C
C I L I S C I B U E R Y G A N R X K
E S A P L T O D S D S D U E G S C O
I H C E Y J E R W V P T F L V N U I
O Y S T E R O R A B I S U I R B X C
I W Q J R H V D D L X N V N S X G G
U E T M A P S G U M G T Q Y A H L L
P J L E Y B G S Q U I D Q W J L E R
C F S T A R F I S H L S X B P Y G N
N W Z F M E W V D B L O W H O L E A
K F K O U M P U Q Q S K K S O U M N
```

BLOWHOLE	NAUTILUS	SEAHORSE
CORAL	OCTOPUS	SQUID
DOLPHIN	OYSTER	STARFISH
FINS	PINCERS	SWORDFISH
GILLS	PLANKTON	TENTACLES
JELLYFISH	SCALLOP	TUNA
LOBSTER	SEAGULL	

Solution at page : 111

TRANSPORTATION

```
K F F Q F V Y E Y Q X V U O N A G C
E S H P A S S E N G E R K E L D H U
E B D S R X X A N T R A I N Q R M V
D B C W Q F Y I U H R R P O U A D O
S Z W X Z S T A G E C O A C H O B T
J K Q X A U F Y W Z Y U P Y B B E D
A C W W M R F J E E Q F R R P E G A
E Z Y M A A C Q L R E E C U I T R L
Y Q O A V G H S E U T R U C K A P T
Y C K S X A O T G O R A F S A K U R
P A S E A Q P N O Z O B O U Y S Z B
X N M O T O R C Y C L E S B A H P C
I O R A C J S Q X A L E N M K W X K
A E L I M O U S I N E N B A T H B A
V E L C I H E V W U Y M B R M K H Q
Z E W G V C I D W C B I G I C F Q D
H S U U A D X H S Z U W W N L V P G
W F Q K F R Q C I R S J F E R Y U Y
```

AIRPORT	KAYAK	SUBMARINE
BOAT	LIMOUSINE	TRAIN
CANOE	MOTORCYCLE	TROLLEYBUS
CAR	PASSENGER	TRUCK
COMMUTING	SCOOTER	VEHICLE
FREEWAY	SKATEBOARD	WAGON
HELICOPTER	STAGECOACH	

TOOLS

```
I E L T R O W E L S L R V O O D B T
B L T O X B G W A S N I A H C M T H
A C R O W B A R O E E J A E F J Z C
B I X L N L D E Z R L V Y X A M X G
Y X J B T A G N Y L K H O K X T N T
E A B O S G E C H C W B L E M U D F
P L H X B C T H S M L S E Y H K U F
G Z H J I G S A W A E A K N O V N K
D A R O U T E R R V N N M L C T G T
E B U M D F N E E L M D D P F H L L
M D Z Y L T C M K I B P E W S H Q Y
J A F X E Q W M H W L A D R I L L S
D I Z L V T D A T T T P X L P C Z R
W S W R E R V H V I S E R H U E N T
F I N W L S C R E W D R I V E R G Y
O S I V A F I Q I R H Y W B V K I I
F T E P A A V H O U F J N L G B E Q
N G I B R R B I C E K I X D S J W Z
```

CHAINSAW	HEX KEY	SCREWDRIVER
CHISEL	JIGSAW	TOOLBOX
CLAMPS	LEVEL	TROWEL
CROWBAR	PLIERS	VISE
DRILL	ROUTER	WORKBENCH
GADGETS	SANDER	WRENCH
HAMMER	SANDPAPER	

Solution at page : 112

SHAPES

```
L R E T E M I R E P F B W F X B O F
K R H G D D Z N A R O G U E U J C E
T C L O U Z I E Q U I L A T E R A L
L O D S M O U X R S B K E W E O P G
N N E H R B I N T E R S E C T I O N
L C L Z N L U E W C U B T S R K Y A
Q A C G L I S S U T U A L P L G G I
P V R W D Q Y R B O N O J H F I E R
U E I E I U V O Z G H S S E F R O T
M S C R A E N I L I T C E R Q T M X
P C H U G S L E T E Q N G E A H E Y
K H Z Q O V A L J C O X Q I W B T B
K S G K N L P Z I C Y L I N D E R Z
D O C T A G O N R P N Q M O E W I U
E O B R L U R I H K S F A D Q S C D
P T I B F K Z M T B H E X A G O N H
A P A R A L L E L O G R A M D H X Q
S Q U A R E N C E G D L U U H K B K
```

AREA	GEOMETRIC	RECTANGLE
CIRCLE	HEXAGON	RECTILINEAR
CONCAVE	INTERSECTION	RHOMBUS
CONE	OBLIQUE	SPHERE
CURVE	OBTUSE	SPIRAL
CYLINDER	OCTAGON	SQUARE
DIAGONAL	OVAL	TRIANGLE
ELLIPSE	PARALLELOGRAM	
EQUILATERAL	PERIMETER	

Solution at page : 112

MYTHICAL CREATURES

```
N N C A W Q Z M E R M A I D F G D Q
F S E V S X U U N S N N K H D Z O P
F S H I J G A L O X I N E O H P B B
U S U S A G E P E S A S Q U A T C H
J J N M K C R S K H M V E N I X B A
A S T T R U K I T R P A K I J W I X
V H I S A S T A F O A D D C W U S X
W D K T F A I R Y F N K Y O L I G A
T V N H K V J P I Z I E E R Q B E X
E E M M E S P E N W M N T N W V Z A
C Y C L O P S T O L I Y P R A H Q X
K H L Z G H Q U O N N M L I O J Y V
E S I E R I R S Y Y O P X B I L H V
J D X M E N W G R U T H E R B U L E
B N C Q E X Z A D R A G O N H U O B
S D L E P R E C H A U N U J A P M T
W B E E H R A Q R E R R O U D C Y Z
P F W I X A B M H I L T B X Q E R Y
```

CENTAUR	KRAKEN	PEGASUS
CHIMERA	LEPRECHAUN	PHOENIX
CYCLOPS	LEVIATHAN	SASQUATCH
DRAGON	MERMAID	SPHINX
FAIRY	MINOTAUR	TROLL
GRIFFIN	NYMPH	UNICORN
HARPY	OGRE	

Solution at page : 112

EMOTIONS

```
T B O I D G R A T I T U D E H K T V
G H B E M H A D M I R A T I O N H N
S A C O N T E N T M E N T M P A R I
E P C V T V Y T I N E R E S E O A W
X P Y X Y O D O H M G F W A E T I O
C I O A J S N F E X O W U M N Y R C
U N W E Q K O T R F P U M P T O O W
W E C O N F I D E N T J C I H B H X
Z S B I V C T A L G I E S C U F P P
B S D N X Y A Y M R M O M S S R U C
K V C E B S P Z Y U I W P P I A E B
N D A G L A I R Q R S P E D A L A W
T E H J O T C Q U B M E E K S T B V
P C H O V S I C X L L A M H M R H B
C A F F E C T I O N Z D L E H U T Y
X D C Z X E N K N J X V I G N S O T
I N S P I R A T I O N L X O B T Z Y
U Z F O U Q J O C O M P A S S I O N
```

ADMIRATION	CURIOSITY	HOPE
AFFECTION	ECSTASY	INSPIRATION
AMUSEMENT	EMPATHY	JOY
ANTICIPATION	ENTHUSIASM	LOVE
BLISS	EUPHORIA	OPTIMISM
COMPASSION	EXCITEMENT	PRIDE
CONFIDENT	GRATITUDE	SERENITY
CONTENTMENT	HAPPINESS	TRUST

Solution at page : 112

26

ARCHITECTURE

```
C M Z V Y M I B H F B N G Y C J M Y
Z Y S B G O C M W E L T L S S D E D
J J A D O M E C C O U R T Y A R D V
H N M U L O C G M Z E G F D A T A Z
D I P G F D Z P F W P X W E I C R H
O Q P N K U C O T J R K C S S S T F
C A I U B L S X B V I K V I L M S E
O E N R C A F M E E N Y X G I Q U S
Q Q G B P R O P O R T I O N L J L Z
O R N A M E N T A T I O N E D M A G
J D I N V O U W Q I B F F D U D B A
F O D I S T A I R C A S E K F G E Q
N U L S T E R N I A L T D J Q K B L
R L I M Y R C D Q L C H A Z X E A R
N K U W L R H O Z I O S C T O N R K
C B B E E A S W A T N N A Z M B K M
Y J O T N C S D V Y Y B F H K J N T
U S Y M M E T R Y T N B O F W Z A Z
```

ARCH	DESIGN	STYLE
BALCONY	DOME	SYMMETRY
BALUSTRADE	FACADE	TERRACE
BLUEPRINT	MODULAR	URBANISM
BUILDING	ORNAMENTATION	VERTICALITY
COLUMN	PROPORTION	WINDOW
COURTYARD	STAIRCASE	

Solution at page : 113

RIVERS

```
Z N K T W C Q W W X K L O E I T M E
Y H M A G Y I H S T R E A M P S P N
S J Z S K R A P I D S N L R H K X I
Z Q D E W J K Q D R V N A I Z A M R
A A E D G W P V U D X A I V H T E A
T R T I B S E O B F D H V E E L A U
C D A M E E C T M X M C U R R E N T
E X H E P R A R L E E R L B O D D S
L G S N E P P P W A C V F A S W E E
K L R T Z H H I C A N Y O N I C R T
P M A O R O Q W H P E D Y K O O R B
T W M F G E G D G I U C K Z N P L R
E O H S R H Y D R O L O G Y W Y E I
I B X V V E B T I A F F B K V X C D
N A V I G A T I O N N R W K Q S Q G
B F L O O D G A T E O X W H T R P E
A E Z R R R Z N W A C X J F K Y I W
J O T N C W L H G F O G E A O B K E
```

BRIDGE	EROSION	RAPIDS
BROOK	ESTUARINE	RIVERBANK
CANYON	FLOODGATE	SEDIMENT
CHANNEL	FLUVIAL	STREAM
CONFLUENCE	GORGE	WATERCOURSE
CREEK	HYDROLOGY	WATERFALL
CURRENT	MARSH	WETLAND
DAM	MEANDER	
DELTA	NAVIGATION	

PETS

```
X S R G L H O V V B O I G L Y D L W
X S G F P C C H E W T O Y S R X I O
E I G D V E N C A T N N H J A D T A
N K G E F T R O N E E J E C N O T I
P W R F W A Q L G B I R D C A G E A
R J A L E R N L Y E D S I I C N R B
A E X E L C Q A L Q N B O N C Y B T
O J T A Q U A R I U M C A Q A G O C
E H Q S W F E R R E T B J Q M R X H
F S G H M A N U R V W D B L R E Y I
G G F O S A J K O I P S X A L L V N
L O R X G O H E G D E H P O X O A C
W L E O Z N K U D L F R Y G A A I H
C D S F O A P C B L A Y T H H J L I
F F B K H M I B E L Q G U Z Z C X L
K I C Z Q C I O R G P I T P K I C L
W S P H O K X N P B P C V Q Y P K A
B H H S G Y R B G X Y C E S R W W I
```

AQUARIUM	CRATE	KIBBLE
BIRD CAGE	DOG	KOI
CANARY	FERRET	LEASH
CARRIER	GECKOS	LITTER BOX
CAT	GOLDFISH	PARROT
CHEW TOYS	GROOMING	VETERINARY
CHINCHILLA	HAMSTER	
COLLAR	HEDGEHOG	

29

Solution at page : 113

MOUNTAINS

```
K X T J M S B K B J Z V M V P R E F
E X P E D I T I O N T M B R W N B U
C Y R V S V U R G R F V Y X J T G S
D G E G P A N M P C J C P F E E S B
G I I R P D D O H I K I N G E P I N
H P C V P T R U T G W Z F N L C I O
Q G A V A L A N C H E L U I E L N V
M Q L G P L A T E A U L B B V I N M
T R G V O L C A N O P R O M A F W E
D D U C S Y L I A F Z U S I T F E I
P V S R F T Y N V E L L Z L I T A W
X C H A I C G E R D H W N C O O T H
D Z B T R F N E E V P E A K N P H C
F T U E X I I R L P N N L W V N E F
C D R R I I I I R S T B P V A D R K
E C M X W N K N I O E F I L D L I W
D R A N G E S G N K W P N K N R N K
I O U G W T Q K V A L L E Y Q U G R
```

ALPINE	EXPEDITION	SLOPE
ALTITUDE	GLACIER	TUNDRA
AVALANCHE	HIKING	VALLEY
BOULDERING	MOUNTAINEERING	VOLCANO
CLIFFTOP	PEAK	WEATHERING
CLIMBING	PLATEAU	WILDLIFE
CRATER	RANGE	
ELEVATION	SKIING	

PARKS

```
Y E V N E P D F X X E W I F B I G N
D C C R O Q I K G S M R V I R M Q D
U M B O F X D Q E F R I S B E E K V
T K O L F U N H F Z D H S B W D F C
N F J L N M C D X O N S E I D I M K
L A K E R N P F N W U D E R T T O S
A D I R E A J M A R O N R D H A U R
G U E B L T M L Y R R O T W N T S E
L M O L A U P O C N G P S A U I W C
G N Y A X R L E E A Y L G T I O I R
V Y E D A E Y P O N A C N C V N N E
P W Y E T P H R Y L L E I H C U G A
W D T R I Z D Z G P P N N I K N S T
O C Y S O T V Q R B E T P N I T G I
D T J X N Q Y T A C Q N F G A V V O
J D P A K B I G S G D O G P A R K N
L T Z T Q C C Y S F X O F F B B M G
D A J I B H J T H P J P G P R S K Z
```

BENCHES	JOGGING	PONDS
BIRDWATCHING	LAKE	RECREATION
CANOPY	LAWN	RELAXATION
DOG PARK	MEDITATION	ROLLERBLADERS
FOUNTAIN	NATURE	SCENIC
FRISBEE	PICNIC	SWINGS
GRASS	PLAYGROUND	TREES

Solution at page : 114

DESSERTS

```
U E C I P P P S Q Y T K P N Y D H D
W P J D V I B S N M D R I A M V S U
N U T E V W K U L O E N V C A S Y S
O D K Q N A G M T U Y M A E R C F K
Z D E G M D O N U T E M M C S R O R
G I E P E E O T Z H E F W F H U Q K
S N K Z P L B T W W Y R A G M M F C
T G A H C I W D H A T U Y J A P N K
N L C N H C H R T T Q I J X L T W M
G O P O O A C W E E S T R F L I Z C
I F U T C T O I L R M Y Z Z O O H B
V T C F O E O S N I Z P U J W U M M
S E D T L B K R V N A L T L S S A K
C C L F A W I A B G Y O Q I E Y O N
K O F V T Q E S C E Z C R U N C H Y
P A T V E G S F M N V J G N X G I Z
W N H G R T Q C V L A A G T H N E Q
I N B D W M Y W Y F D P X P A S R B
```

BUTTERY	DELICATE	PUDDING
CANDY	DONUT	SCRUMPTIOUS
CHOCOLATE	FRUITY	TEMPTING
COOKIES	GLAZED	VELVETY
CREAMY	MARSHMALLOW	WAFFLE
CRUNCHY	MOUTHWATERING	WHIPPED
CUPCAKE	PANCAKE	

SNACKS

```
L R Y J Q J O J F D R S E L Y J U U
L C X G F C W G J Y G J F M W E R S
R K P H V L S Z N N C Q N U T S E X
E L B A L R A X I X L H R P A P J V
R Z B S A J X V J Y U A O M N I S U
N U N I Y T A D O M K E C L G H R R
J E M H T R E A M R F H P U Y C E G
B B T U C E P U V Z F Y O E F V K H
G Y R O V A S X R R O U P G I Y C S
E T U T B L X I D I S A L T Y V A F
S S G E X D R F Z P G P C S M A R Y
C E O T E F Y D I E L I I L M V C T
Y Z Y B M C B D E Q D D Q C G A U G
Z H D O R L Z B B B D F A P L Y O W M
U S W I K Y G V A R O E C B I K R C
Y Y F R Z W T B V K R S B W R M I D
J Y K S J H T L M A E N I X T V I N
M O V E N R O A S T E D Q Q V U V C
```

ADDICTIVE	DIPS	SALTY
BAKED	FLAVORFUL	SAVORY
BITE SIZED	HUMMUS	SPICY
CHIPS	NUTS	TANGY
CRACKERS	OVEN ROASTED	YOGURT
CRAVINGS	POPCORN	ZESTY

Solution at page : 114

CONDIMENTS

```
P Z T P H Y T Q D U W N Q U J X C S
Q U S O U R S W E E T G I G H H Z R
T A F U O R E A C D U J H R V V U Y
H S R U G J Y U W C Q Y T A C G S M
I I E H A P A N U T T Y X G Z H V M
U F L C S S L U P I C K L E S Z M K
Y O I M T S I G V D D O E N Q Y B T
L I S O B D R A T S U M Y I O U E A
I K H O R S E R A D I S H V G Z U O
S T J E E U P L W T X V P Y N C E L
U S E A S O N I N G U R X M I L D K
B U U Q M R I C H N E S S T H F E I
K Q E N Y T D K K T I Z O M S D M W
S K G I P Q S Y F N N X T H E R B Y
B K N X Z S S Y I Q E H M C R T I R
F B B A V F U H Y E C K K D F P N Q
E D K L O M A Y O N N A I S E G F K
B H N N F T K P Q X R K P Q R F S O
```

EXOTIC	MILD	RICHNESS
GARLICKY	MUSTARD	SEASONING
HERBY	NUTTY	SMOKY
HORSERADISH	PICKLES	SOUR SWEET
HOT SAUCE	REFRESHING	TAHINI
MAYONNAISE	RELISH	VINEGAR

MUSIC

```
O W S H Y H O C L F P V R U P F Q V
W F S G P R E M I X E J E E K E O S
X Q C R Q T H D J C R E S C E N D O
J V O O Y E W Y B E F D Z C A C O R
I Y M O D U L A T I O N Q I Z I N C
E D P V T D K L D H R R E R N R X H
T S O E W F U B O S M I G T L T U E
H U S T S B S U N J A Q W E M C O S
G T I J M K N M J Y N F Q M L E G T
I O T A C C A T S E C K L P D L H R
X F I A Q A Y D O L E M Q O E E A A
O R O T K R K S V R S O L O P U R B
R L N E M T D V I E U B I J F D M B
M O I Q P D B Q D A R P E G G I O Q
F W J E R N E G R B O S Q B C Q N G
Q V E Q T U A F Y A H C E X Y H Y G
Y L Q G W O T C C S C I R Y L C Z R
L M O U V S B E G Y S C P H W W V C
```

ALBUM	ELECTRIC	PERFORMANCE
ALLEGRO	GENRE	REMIX
ARPEGGIO	GROOVE	RHYTHM
BEAT	HARMONY	SOLO
CHORUS	LYRICS	SOUNDTRACK
COMPOSITION	MELODY	STACCATO
CRESCENDO	MODULATION	TEMPO
DUET	ORCHESTRA	VERSE

Solution at page : 115

TECHNOLOGY

```
W I R E L E S S J T U V Z X G W A O
C B R W U Z C S K Q B R K T G F L Z
S A T E L L I T E D K E D Q J K G H
O T E N R E T N I C O D I N G K O Q
K M J Q W S O T S O F T W A R E R N
S R W C C F B I O M E T R I C S I T
E E P Y U Q O A K P R Y Q N O V T W
N N B B S P R U Q U A N T U M X H T
R E C E K I R T K T J H X G P L M U
S W Z R S B I O T E C H N O L O G Y
N A D S Y A F M G R L A T I G I D K
O B W E S P Z A Q R P P U C W R N N
D L V C Z V T T S M A R T P H O N E
U E A U L U V I K L H M W K Z W G T
Q V B R R W H O O Q E B M A R U T W
Q G K I G S H N Z N T E X I M R F O
K A G T Z I A T I E H V A R N V E R
V T T Y I R A E E X Q R R X N G L K
```

ALGORITHM	DIGITAL	RENEWABLE
AUTOMATION	ENCRYPTION	ROBOTICS
BIOMETRICS	INTERNET	SATELLITE
BIOTECHNOLOGY	LAPTOP	SMARTPHONE
CODING	NETWORK	SOFTWARE
COMPUTER	PROGRAMMING	WIRELESS
CYBERSECURITY	QUANTUM	

Solution at page : 115

CURRENCIES

```
D E T E Q F J L A G P N V G F E U M
P D U X F R O V I P B H T C D G T J
K S I C C O Q C Q P Z S N M G L C W
N R C H S I R S Y P X P O J L A C D
C I A A N S Y I D I O T M W M W O R
W A S N O M N F N S W U H V I P N F
W L H G I N F L A T I O N O U O V U
L U L E T D C E E Z R D P D Y O E W
B P E F C N S K U P M O N E T A R Y
Q A S V A L F E L O S L X R B P S S
O W S R S W J H I R T L Z A A R I L
B H F X N Z G S O U Y A I N R H O C
C N A O A V T I I E V R E S E R N I
E E P U R T W N X O C Y Y X K U R A
R G L T T U N I D W S T O C K B F R
M J G J Y M E N I A O E Q Z L L Q H
F U Z X J D H I Z L A R P J T E N G
S W D Q W J Q D Z Z P S X I A B H Z
```

CASHLESS	INFLATION	RUPEE
CONVERSION	LIRA	SHEKEL
DINAR	MONETARY	STOCK
DOLLAR	PESO	TRANSACTIONS
EURO	POUND	YEN
EXCHANGE	RESERVE	ZLOTY
FORINT	RIAL	
FRANC	RUBLE	

Solution at page : 115

GEMSTONES

```
C V X K W A O V M O O N S T O N E C
Y T L D G S K Z P Y L F A R A F C P
X N W B Q K T Q A O B Q P V X A P F
A A I X B R V Q J M Y A P X N C R W
K I Q E A X C L E J B E H F E E E M
Z L Z U G A O U W M A E I J D T C D
E L Q Z A P O T E R I O R W A E I U
H I V J M M J G L Z A N E C J D O K
J R A B G C A C R R I J I Z Q M U M
O B L C E R K R Y B U R I N X G S U
I J U G M D M M I T T A C P G L A S
T R A N S L U C E N T R O O B R N W
L Z B V T A L X I X E E O L N Q O E
W R L Q O R M M A L A C H I T E E K
Y L E F N E O X R D X O I S Q R Q K
P U Y R E M R S O A M E T H Y S T X
A I G S U E C P V D Z V I E Q P L Z
Y T W Y W O G D I A M O N D X A D O
```

AMBER	JADE	RARE
AMETHYST	JEWELRY	RUBY
AQUAMARINE	MALACHITE	SAPPHIRE
BRILLIANT	MINING	TOPAZ
DIAMOND	MOONSTONE	TRANSLUCENT
EMERALD	PEARL	VALUABLE
FACETED	POLISHED	ZIRCON
GEMSTONE	PRECIOUS	
INTRICATE	QUARTZ	

Solution at page : 115

SPACE

```
E X P L O R A T I O N V N R S B A L
Z W G G M U Q N V X K H X K K L Q C
Q S Z A I K L S U P E R N O V A A I
R T P Y L W X E H J C I M S O C T V
Y G L Q K A A T D G Z W E Q J K E U
I Q E V Y R X I O L R E M E R H R X
T N C Y W E O Y T I V A R G L O K Q
E X T R A T E R R E S T R I A L A S
F G F E Y B M M D C G U C H Z E M R
K G D N R P H D V C E M I G T G M U
T K I Z E S C O S M O L O G Y D M C
J K O E R O T J Y X A O E Q T Q G T
I X R U M J W E P T E L E S C O P E
W D E E T W V L L R A N U L T T G R
A S T R O N A U T L L B S B H I V J
F I S W D N A I T R A M L P E U A W
S T A R E F Y S M E S R E V I N U L
C Z S T M V S P A C E C R A F T P Q
```

ASTEROID	EXTRATERRESTRIAL	PLANET
ASTRONAUT	GALAXY	SPACECRAFT
BLACK HOLE	GRAVITY	STAR
CELESTIAL	INTERSTELLAR	SUPERNOVA
COMET	LUNAR	TELESCOPE
COSMIC	MARTIAN	UNIVERSE
COSMOLOGY	MILKY WAY	
EXPLORATION	NEBULA	

Solution at page : 116

LANDSCAPES

```
V P L A I N S S B T R T A Y C J Q N
H U J M U E J D Y P I S L A N D S B
Z A X A O P U W A S O A V F S O I V
T E R R A I N P O L L E B V H S O S
A A U O T C G R A S S L A N D S Y Z
C G S N R T L R P L C J I V U M X Q
F Z T A S U E R C F M F V H J D R I
Q W I P D R S A N D B A R S T N E H
Z X C V Y E B L U O E A Y X N O M T
F D U N E S S T Q O X Y R M E O O Z
J X N E L Q T E H W P O J Y M O T F
O C V R X U R Y R O A U F S N E E Q
E I S R A E C S O T N J F T O Z J Z
H Q R A V I N E S Z S F S H R M H E
X Z R B Z I F D X T I A X Z I C S I
U T T F T T F E Z L V Z Z E V O U F
Y J M G P I F Y C E E Z N W N E Y R
K W R Q M X F B T O Z S Z R E A E Q
```

BARREN	FOOTHILLS	RAVINES
CAVES	GRASSLANDS	REMOTE
CLIFFS	ISLANDS	RUSTIC
DESERTS	JUNGLES	SANDBARS
DUNES	PANORAMA	TERRAIN
ENVIRONMENT	PICTURESQUE	VAST
EXPANSIVE	PLAINS	

Solution at page : 116

ZOO

```
A X X M T T H S T U A E D Z A R Z L
D Y L T J T S Q X V G L I O N Y N I
D T N V A Q K A N G A R O O A O V P
O N I H R H M P E A C O C K T M E S
C G E K G A L A O K T Q T E U X Z J
Y I N A S B R Q D R E W V E G Y B A
U A C I U I G B L X C K P P N E I Q
J N L W M T H I E Y H U G E A F O B
Q T O F A A E R B Z I Q P R R E D Q
J P S T T L V N F M X L I O S I A
R A U M O S E F M S P Y H F N A V Q
O N R Z P K P A R O A B A U L E E C
O D E Q O D H E W K N P Q B D P R C
Z A T X P E A G C R Z K M N H U S L
F A M Q P U N P R I E P E N G U I N
S U S T I U T X B W E U B Y D H T F
B K O P H G N W K J N S H E I D Y K
C J U V B J L U J F Y Z C K W K J Z
```

BIODIVERSITY   HIPPOPOTAMUS   PENGUIN

CHIMPANZEE   KANGAROO   PORCUPINE

ELEPHANT   KOALA   RHINO

ENCLOSURE   LION   SPECIES

FLAMINGO   MONKEY   ZEBRA

GIANT PANDA   ORANGUTAN   ZOOKEEPER

HABITATS   PEACOCK

Solution at page : 116

PLANTS

```
I N W S J R V E V E R G R E E N W I
P L A N T I N G P X S N Z J Q Z O H
S B N S T P Z J A D N W Q S L A A L
W U H X X R S B U R H S C Q C F S J
F S C R Q F C O Y A D V I N E S D B
T H H C Y A Y Q O V X E X R I F R A
E E L Y U E M I L A I N N E R E P R
G S O P D L C A C T U S X I H R B K
C B R S B X E S R F X U T M N Q B G
T S O M K H P N O I S O B O C G U I
K A P O M X S O T W G R C S O F H A
P Z H M I C B B V T A O A S N R Q D
Q S Y U Q A Q B L V O V L H U R R O
N K L H M F T Y A L S I X D K U R H
M W L B I B U U T W Y N U S U C I F
D H O R T I C U L T U R E B H G B U
M O L I F L A N D S C A P I N G V Q
O L L V G O Q R Y U J C D W J O O N
```

BAMBOO	FICUS	ORCHID
BARK	GARDENING	PERENNIAL
BONSAI	HERB	PLANTING
BUSHES	HORTICULTURE	ROOTS
CACTUS	IVY	SHRUBS
CARNIVOROUS	LANDSCAPING	SUCCULENT
CHLOROPHYLL	LEAF	VINES
EVERGREEN	MARIGOLD	
FERNS	MOSS	

Solution at page : 116

BAKING

```
Y O W U K S C F K J Z D Q H I Q B Y
M C J M J T B C R I S P Y O G E A C
S S P C C S P X U O N T B Q V Z K R
F R I Q G N I T F I S A J J L E I I
O O U B N I P G E M I T F M Q S N Q
H Z K U I S I H X F W T I P I O G T
V H M X Z I N S E T S P R N X S S T
E A D V A A G B V T H R G F G A O N
O A N I L R B X R X A E V T E M D M
D P P I G Z A Z M G O H J Y M I A P
N V S Y L N G V U G Z E G F B E M O
O B Z H E L B S Z A G A X U R Z E T
Y D E C O R A T I N G T G C O D E F
D T I B U T T E R N L I N G Z D Q A
T H S M K J T V Q W G N I L L O R N
K Q A I K N E A D I N G X B X A F K
K L F L O U R W H I S K I N G B R N
Q Z V K J M P C Q S Q G M P X A G A
```

BAKING SODA	GLAZING	RISING
BATTER	KNEADING	ROLLING
BUTTER	MILK	SIFTING
CREAM	MIXING	SUGAR
CRISPY	MOISTY	VANILLA
DECORATING	OVEN	WHISKING
DOUGH	PIPING BAG	YEAST
FLOUR	PREHEATING	
FROSTING	RAISINS	

Solution at page : 117

OUTDOOR ACTIVITIES

```
B A R B E C U E W C F O C R A B Z N
W R R X C A O Q J L I K I A R K L W
M R W R J M S E A L S A Z F K T T V
C G R V X P R Y A X H Y I T M A C F
D N O Z X I B I G S I A P I R E V L
L I K L F N L S E C N K L N L Q J Y
B K L P F G X R X U G I I G C S Z X
U C M M N I F Q N B Z N N W K T L S
S A L R S E N T O A X G I K R A G J
C P E N J O N G A D V E N T U R E Y
Q K H F X S U R F I N G G X D G N U
D C N I L O Z A A V S F S F W A R I
Z A S N O R K E L I N G S I Q Z L H
A B H Z S A I L I N G L Y T D I N U
N N F K P H O T O G R A P H Y N P B
P Y C G R O C K C L I M B I N G J E
U D W H B Y Z F F P N B M D G J A Q
F W M Y S E Z M C H K T F J C D G D
```

ADVENTURE	FRESH AIR	SAILING
BACKPACKING	GOLFING	SCUBA DIVING
BARBECUE	KAYAKING	SNORKELING
CAMPFIRE	PHOTOGRAPHY	STARGAZING
CAMPING	RAFTING	SURFING
FISHING	ROCK CLIMBING	ZIP LINING

INDOOR ACTIVITIES

```
Z Y A D G K H Z B R Q T C X E K B C
L F K B O A R D G A M E S S X N P X
K N V B V K F Y R Y V M J L E R U S
E Z M G N I Z I N A G R O A R E Z O
S K J C R S J C F S W J U V C H Z I
K N L A P P R P K I M I R P I W L T
S N S C R A P B O O K I N G S E E X
Q G I R F I X D Z F F R A G I D S V
N B K T E N I M E M O E L R N M Y A
F S I O T T J B R S Y A I V G Q Q G
F N A M R I I D P K B D N D J Q M O
G O F G Z N N C A L L I G R A P H Y
A K K F B G K G S N A N Z I T Y N M
F Z W K E D W U W W C G D P J O P F
A D V R S O L C O O K I N G L P U H
M R R E D E C O R A T I N G Z V L N
Q E Q P D A C W R I T I N G D F N N
B L B E K U I Q C W U Q N L U K W K
```

BOARD GAMES	EXERCISING	PUZZLES
CALLIGRAPHY	JOURNALING	READING
COOKING	KNITTING	REDECORATING
CRAFTING	MOVIES	SCRAPBOOKING
DANCING	ORGANIZING	WRITING
DRAWING	PAINTING	YOGA

Solution at page : 117

OFFICE SUPPLIES

```
R U L E R G S E V Z G K O R O K F G
M E D X N K I W L X P A P E R A I Q
C K T B Y S U L U E K I V S O N L C
F S S N I P H S U P H Y F A H N E B
F C D H I G H L I G H T E R F T F E
B I N D E R T P Y M X Q P E Q U O T
B S O G P C P U F V E I I A H D L O
M S I L R T C A E Y H T Z Q R E D G
Y O N U W H I T E B O A R D N C E K
E R D E Y X I L G C L I P B O A R D
K S E S P Q E T V K E Z W K T L D L
L J X T A F X N P P P V H P E C Y L
P Z C I X T D K D Z U R H C B U B O
J E A C U Z W O N G N S W X O L F H
L H R K S Q Y V R T C T D W O A M F
T Z D R E N E P R A H S A A K T M U
B Y S E I D K U V L A L E P W O C Z
O W Z V G B J G K S T A P L E R V F
```

BINDER	HOLE PUNCH	RULER
CALCULATOR	INDEX CARDS	SCISSORS
CLIPBOARD	NOTEBOOK	SHARPENER
ERASER	PAPER	STAPLER
FILE FOLDER	PENS	TAPE
GLUE STICK	PRINTER	WHITEBOARD
HIGHLIGHTER	PUSH PINS	

HOBBIES

```
R O C Q Q G E L Z I B C I F A Z R M
M Z P O V U A M B J N Y K J F V F K
V H L N N D Z M S Q T S C V I S P P
Y K T R A V E L I N G X O C C I V G
U G P Q X C B D G N D F L B I N P M
W R M Y N D Y M I P G H L Y O G U C
Y T I V I T A E R C O Y E X N I L K
T E C A B I N P K D A T C I A N G Q
O N X L M O T O C L S T T D D G I S
X T E P M M O K Y O X P I E O U N H
R H U M R O Y K E P L V N O R B E T
B U X M Y E N G C U H O G Y N Y R M
T S N S N O S C C L Z Y R T E O P P
E I N N Y P J S E R U T A I N I M Q
J A Q V I W W N I M C B Q G N W X N
G S Z B L N G J E O F E L G K G A V
T T S O I A G C W L N O J L C P R U
F W O O D W O R K I N G I L P W E H
```

AFICIONADO	ENJOYMENT	POTTERY
BOOK CLUB	ENTHUSIAST	RUNNING
COLLECTING	EXPRESSION	SCULPTING
COLORING	GAMING	SINGING
CREATIVITY	MINIATURES	TRAVELING
DEDICATION	POETRY	WOODWORKING

Solution at page : 118

KITCHEN UTENSILS

```
L T L I O K E C G N L E R I H O E Q
S Q C V G S L O E K Q E U S A I J K
S E S F S E E J V H L H X O C H K Z
P I Z Z A C U T T E R N G S P Q N Z
J R T V O C B R E T N R D A Y D A R
M D E O J U M P M I J M W L V X E R
P R X Z R T H K M I K E I U A D R T
T X S V B T S M D D R R N T N D O S
P U Q K N I F E Z C O H Y A T V L S
Y X G D H N H D S E F L L P Z S L E
D R B W A G L K S N O O P S F P I R
U F K D T B R T I M C W I I R U N P
V F D A Q O R P B V I P C P L C G C
T O J T C A C J G R A T E R L C P I
Q B K O I R Z L O D E N L A X U I L
P I Y N I D Z N B Z F C Q S P Z N R
J F E G Z K N X G B T V D O C M W A
H R W S A L A D S P I N N E R O F G
```

CLEAVER	GRATER	SALAD SPINNER
COLANDER	KNIFE	SPATULA
CORKSCREW	LADLE	SPOONS
CUPS	OVEN MITTS	STRAINER
CUTTING BOARD	PEELER	TONGS
FORK	PIZZA CUTTER	WHISK
GARLIC PRESS	ROLLING PIN	

Solution at page : 118

CHEMICAL ELEMENTS

```
L X N L Z N I F E M B F G K U B N M
Y Y P A N Z G S R X U U F M Q R T T
Y H I H N G R S H F E J L U Q O D N
E E N D Y J R Z Y L U N U I P M Y Y
H S I T N D N P K S C E O D X I Y X
O W U Q T O R G M J K O R N A N M C
O D R L B Y T O A V M N I A M E T P
I K Z R Z M V A G T U B N C P G L P
F V A U F M P H N E R O E S O I F O
L C F E U E H B E C N R Q W T P L F
I H F I M V O R S H L S I H A Q R A
H L D O L X S P I D O N I U S Y N B
X O E U Y U P S U L F U R L S K S J
S R C G X L H V M K M X Q I I J Q K
D I E N O R O B W X T E X Q U C P M
N N B N I T R O G E N J U M M R O H
I E H E L I U M H B W W T Y O U O N
M E O Z V F S W K V R D D A X E U F
```

BORON	LEAD	POTASSIUM
BROMINE	LITHIUM	SCANDIUM
CARBON	MAGNESIUM	SILICON
CHLORINE	NEON	SODIUM
FLUORINE	NITROGEN	SULFUR
HELIUM	OXYGEN	XENON
HYDROGEN	PHOSPHORUS	

Solution at page : 118

SCIENCE

```
W N C H E H Y P O T H E S I S A Q D
L P C V R O B S E R V A T I O N S A
N S Y Y E F K H B H J Y A C V A N F
Z Z Y F S B B G A M G I K F A L S K
E M T P E L E C H E M I S T R Y O M
H P F U A H X P N T K E X Y I S N I
P C F B R E P Q K H D V L R A I N C
X T Z L C M E G E O L O G Y B S E R
G R S I H P R U D E L P R L D U O
X Y E C P I N G O P U T R E J R B
S M R A D R M I N L Q T G E S P O I
H O G T S I E V W O S I R P B Y S O
N T S I U C N J V G C O G U P L C L
L A B O R A T O R Y I N M R K V I O
K N T N H L S E C V S C I T E N E G
X A A S T R O N O M Y E B J Q P N Y
H K K B I X Y M A T H E M A T I C S
E R G Z O J W W N X P F T N F M E W
```

ANALYSIS   GENETICS   NEUROSCIENCE
ANATOMY   GEOLOGY   OBSERVATIONS
ASTRONOMY   HYPOTHESIS   PHYSICS
CHEMISTRY   LABORATORY   PUBLICATIONS
EMPIRICAL   MATHEMATICS   RESEARCH
EVOLUTION   METHODOLOGY   VARIABLES
EXPERIMENTS   MICROBIOLOGY

CAMPING GEAR

```
A A G T E C G A N V M Q Y R M E Z S
D B S C O M P A S S I V K U Y H S O
B A C K P A C K L F Q L W K G Q B Z
S V O C M W A T E R F I L T E R X S
H V M H O U M Y E B U G S P R A Y E
R M P B S R P Y P V N H A M M O C K
U F A I Q R A E I V Z T G V N L H F
Q O C N U F X S N B L W E G W A D Z
B L T O I A E R G C A E A D A C O S
B D W C T M E Y B X D I T P H O K G
Z I Q U O T R O A R F G C G H U K B
U N K L N E U Q G E E H L T Z T G R
M G J A E N T M O J G T D E N D B N
H C L R T T T S C J K L L V O U A
U H L S S E N R E D L I W E V O D R
G A I M S I S K U I P X X G H R H E
F I R E S T A R T E R D F Z Z S S S
G R G W U B R B O U I N L R S N P V
```

BACKPACK FOLDING CHAIR SHELTER

BINOCULARS GRILL SHOVEL

BUG SPRAY HAMMOCK SLEEPING BAG

CAMP AXE LANTERN TENT

COMPACT LIGHTWEIGHT WATER FILTER

COMPASS MOSQUITO NET WILDERNESS

FIRESTARTER OUTDOORS

Solution at page : 119

CARS

```
K C A P C I D F S S X H Q Z S H E X
Q A R Z D D Q I M B L O W H E E L S
G A T C A R K E Y S A Q R E L X G T
J G A S O L I N E B U M K A D Q Q M
S U S P E N S I O N T Z N D G R G V
F K K L Y W V Z U W O B T L E E L X
W I N D S H I E L D M I N I V A N O
A T C A R A L A R M O H H G K R C Y
E A H Y B R I D H T B Z E H P V A Z
N I E X H A U S T P I P E T A I R V
M L N O F D I K U I L B G S G E W M
A L G H T I R E S Y E M L Z T W A F
S I I T C O U P E B M F U E L R S G
W G N H R Y L F W Y J Y Y J N O H W
A H E D F T B U J Q F U A L J H T Y
J T U T R A N S M I S S I O N I I A
T S E A T B E L T V X B K O R J Z D
L E J R Q W S Q L N R M E K T M R P
```

AUTOMOBILE	FUEL	SUSPENSION
CAR ALARM	GASOLINE	TAILLIGHTS
CAR KEYS	HEADLIGHTS	TIRES
CAR WASH	HYBRID	TRANSMISSION
CONVERTIBLE	MINIVAN	WHEELS
COUPE	RADIO	WINDSHIELD
ENGINE	REARVIEW	
EXHAUST PIPE	SEATBELT	

ANCIENT CIVILIZATIONS

```
X  G  K  D  W  Z  K  Y  K  U  U  A  O  J  T  W  I  T
H  O  N  O  H  Y  E  C  P  K  J  M  I  M  E  N  F  T
W  E  G  D  A  C  I  R  E  M  A  O  S  E  M  N  P  H
C  W  R  E  U  C  N  G  J  T  V  S  K  L  P  U  M  U
K  B  A  M  D  Q  Y  H  G  B  N  A  H  O  L  B  B  P
X  G  O  O  G  P  E  R  S  I  A  I  S  F  E  I  M  P
S  M  E  C  T  R  V  B  U  T  E  C  M  L  S  A  V  P
I  C  T  R  T  O  I  R  A  H  C  B  E  A  Y  Y  W  H
R  A  S  A  Z  T  E  C  O  B  C  A  S  A  E  T  S  I
N  R  U  C  Y  C  N  J  F  M  Y  L  O  I  V  H  Q  L
E  T  M  Y  E  I  H  E  G  U  E  L  P  C  M  D  E  O
V  H  E  E  T  A  I  F  J  E  J  I  O  I  L  V  K  S
S  A  R  A  R  T  I  F  A  C  T  S  T  N  N  O  C  O
S  G  F  A  D  K  N  Z  R  R  J  T  A  E  G  J  J  P
E  E  P  O  Z  F  A  V  P  V  C  A  M  O  D  J  W  H
U  P  A  P  Y  R  U  S  P  J  B  C  I  H  Y  N  H  Y
A  T  N  L  Y  C  K  Z  E  C  A  T  A  P  U  L  T  M
E  J  B  W  Z  Z  U  L  Q  K  X  Y  T  A  P  W  G  P
```

ARTIFACTS	GREECE	PERSIA
AZTEC	HARAPPA	PHILOSOPHY
BABYLON	INCA	PHOENICIA
BALLISTA	MAYA	ROME
CARTHAGE	MESOAMERICA	RUINS
CATAPULT	MESOPOTAMIA	SUMER
CHARIOT	MOSAIC	TEMPLES
DEMOCRACY	NUBIA	
EGYPT	PAPYRUS	

Solution at page : 119

BODY SYSTEMS

```
G B N W X X S L O R Y O X S S L M K
C J M Y U L O Z M M V K Q E M S U X
J W M Y M R E P R O D U C T I V E E
B K C C N X Y J M U S C U L A R P X
F Y U R I N A R Y O U U O M P Y W K
Y R O T A L U C R I C B K X A Y N L
T E A C A R D I O V A S C U L A R I
W S Z L Q F K N T T R J B C O L C F
M P L F Y I N T E G U M E N T A R Y
A I C X S G N M R C B T N E K T E P
B R D X E N D O C R I N E B S E Y T
H A J J N H U F X X U V R I R L N N
H T N T S D I G E S T I V E Y E L P
M O J H O R M O N E S O O N L K G D
N R U Z R Y R B N O R X U U O S Q U
C Y B L Y M P H A T I C S M P H G K
M W R I B O D Y S Y S T E M O K Z P
C M J T X C E G L X V E G I E Z V J
```

BODY SYSTEM	HORMONES	NERVOUS
CARDIOVASCULAR	IMMUNE	REPRODUCTIVE
CIRCULATORY	INTEGUMENTARY	RESPIRATORY
DIGESTIVE	LYMPHATIC	SENSORY
ENDOCRINE	METABOLISM	SKELETAL
EXCRETORY	MUSCULAR	URINARY

Solution at page : 119

NUMBERS

```
D H X D B X T W E N T Y F I V E B M
X P E R C E N T A G E V S E L Z L Y
O A M L C P H D F H G L L I M N R C
T M W N Q O J Z Y R L E A X H X P N
W Y X D U T Z Y B K V S F M S A B Q
X S L S A O U U C E F M I O I M C Z
P J A A D O V R N N H S K X H C S L
M N I U R Z E R O T R S D R T B E Q
D I U I I X H T I A A E T M T E V D
D U L K L R J R T K D B G U J X E P
B W K L L A A I C M I J G E P P N N
G C U C I G O R A K C D Y R T O T B
H P H C O O B O R S A H T Y I N E A
H Z I L N O N Q F F L F F T U E I W
O B D M J Z A D A N L O A T H N G S
B Z U U I L T B N R F U V U T T H D
U Y S X X M G L U S Q R C O P H T F
N H Z H G O W K W E E R H T J C M O
```

DECIMAL	INTEGER	SEVEN
EIGHT	LOGARITHM	SIXTEEN
ELEVEN	MILLION	THOUSAND
EQUATION	PERCENTAGE	THREE
EXPONENT	QUADRILLION	TWENTY FIVE
FOUR	RADICAL	ZERO
FRACTION	RATIO	

Solution at page : 120

ART

```
M L C A T G R P B Q R Q O Y E A R G
T M H K X C O N T R A S T W Q B O R
S X U E N T M I X E D M E D I A C A
W L S R C E Y R T N I O P S U C O F
F N U C O X A T J D G G Z Z H S C F
A T R R L T H I C S I Q U I E V O I
A P R I L I V B I E T V L L N R C T
E M E T A L W O R K A C C L F E Z I
S X A I G E S Q B O L E A U A N C E
E Y L Q E A X I A R A R J S B A A S
E N I U V R P O R T R A I T K I B G
Q N S E C T Q Q O S T M S R Z S S L
O R M T X V C S Q H H I W A O S T M
S B P R Z Q C S U S N C S T Q A R R
Y R R X P M P G E U C S Y I B N A P
O N L A G N I V A R G N E O C C C G
Q K H Y D I Q Z N B M O X N E E T G
V W S B G X M G S Q M T A A C M F B
```

ABSTRACT	CUBISM	MIXED MEDIA
BAROQUE	DIGITAL ART	PORTRAIT
BRUSHSTROKES	ENGRAVING	RENAISSANCE
CERAMICS	FOCUS POINT	ROCOCO
COLLAGE	GRAFFITI	SURREALISM
CONTRAST	ILLUSTRATION	TEXTILE ART
CRITIQUE	METALWORK	

Solution at page : 120

LANGUAGE

```
O S G H I A O Q P B W Z S B A Q X F
B S S Z D P R O N U N C I A T I O N
O M U L T I L I N G U A L B T E O H
N U T E D L A T I N I K K F C G D S
C V M N T N C L N K J P Q D R K M X
K J P G J Y O E E K O R E A N F A O
D T A L V W M X N C P I J Y W Y N N
E D F I F P H O N E T I C S G E D P
W A Q S R J G P L R K N K W T Z A O
V A Q H E Y I Y E O E Y C M S G R R
P W U H N T B F X U G E R M A N I T
T G V O C A B U L A R Y D I F L N U
S D O E H N E F B A L P H A B E T G
G R A M M A R Q L A E O T H C X G U
S A N S K R I T A O Z E D C U I M E
J A P A N E S E P U N J A B I C P S
S P A N I S H L T O I X E M C O M E
V M V X V T R A N S L A T I O N J Z
```

ACCENT	GRAMMAR	PORTUGUESE
ALPHABET	JAPANESE	PRONUNCIATION
DIALECT	JARGON	PUNJABI
ENGLISH	KOREAN	SANSKRIT
ETYMOLOGY	LATIN	SPANISH
FLUENCY	LEXICON	TRANSLATION
FRENCH	MANDARIN	VOCABULARY
GERMAN	MULTILINGUAL	
GIBBERISH	PHONETICS	

Solution at page : 120

SPRING

```
I Y A K D B H B L V F R Y K J A I L
O R W E C J X U G U N R E Y Y N B Z
Z E E D Z G E T S V F L F V I L O N
W N Q V P E F T E I J C K A F A T C
F E W M I X E E A S T E R I B M U G
R E U D E V H R N G C Q H Y L J T X
X R B Y U Q A F B R W P Y G O K P P
I G Z I M Y W L T G F V L A S W V D
Z T Y C J J A I H Z K Y O W S P C K
T C W X T S K E X X D I U A O P M S
B U Q Y Y W E S U N W V Z L M D B R
G I O J A O N J Y B Q W L C Z N G E
E X G R E B I R T H W E L D B C T N
W P M X P U N A P G N I T S E N B E
P T N G W S G S U N S H I N E T S W
H S E R F L P O P Y W Y Z P S Q C A
C R U X H A K V B H D A F F O D I L
J T L U J I Z B I V C U O S I R H M
```

AWAKENING	EASTER	REBIRTH
BEES	FRESH	RENEWAL
BLOSSOM	GREENERY	REVIVAL
BREEZE	NESTING	SPROUT
BUTTERFLIES	POLLEN	SUNSHINE
DAFFODIL	RAIN	WARMTH

Solution at page : 120

SUMMER

```
M I R Y X M I J F K K Z I V C Q U E
S I M N L V O V P Q B A S V C C R F
X Y H K M W E M C Y L F E R I F L S
E C F N E C S W I M S U I T C S E U
L D R R K S U N S C R E E N E L Z N
W E V O R K N L C X S I E S C P X B
F D V W A S H W A X I V P I R I Z U
T C Q A P D A E N C M K S N E V P R
D Y K S R J T O A B I P O F A M U N
N Z U M E T I R O T O P Y Z M J U I
F K H B T T F L I P F L O P S Q X C
H L K I A A U S J P C M Y R O V L N
R I S C W V N A A B S I F G T O N S
N B A T N S U N G L A S S E S K L T
Q V I B L Z G D I T C M T Q R A Q D
N V D A M O G A A N H S W T T W G B
S E A S H E L L S W G R T H M K B S
B Y S O I S N S H O R T S F X O Z F
```

FIREFLY	SANDALS	SWIMSUIT
FLIP FLOPS	SEASHELLS	TANNING
HEAT	SHORTS	TRAVEL
ICE CREAM	SUN HAT	TROPICAL
POOL	SUNBURN	VACATION
POPSICLES	SUNGLASSES	WATERPARK
ROAD TRIPS	SUNSCREEN	

Solution at page : 121

FALL

```
Q U F N D A H Y B L T H V H N G D Z
X D T G B O N F I R E O E D P U C P
H P F H X D B E E T R O O T C T N W
Z S L Z A N E D L O G W C L O O C I
E I Y U L N I Q V M D X F H Z X Q C
Q H B X M C K J Y S Q W A O I P N I
K A S T U N T S E H C Y N N N L D D
M R C R L P D F G Z R A V Q E I L L
T V A U L B Z Y W I A X U J S Q B Y
M E R N E S V L D M V M Q S S K D F
P S E I D E Y E A U P I N S I M W P
G T C H W P A P M S N Z N R F W U O
R R R L I T Q A I D M W B G O Q Z T
R T O J N E C R S Q U A S H L C F F
G L W V E M C G B F T F O K I Y U K
U M A W P B S B B T U R P E A B Y E
T O U N E E W O L L A H D F G D B U
G N B S J R L C A S J M G E E Y X C
```

AUTUMN	CRISP	PEAR
BEETROOT	FOLIAGE	PLUM
BONFIRE	GOLDEN	SCARECROW
CHESTNUTS	GRAPE	SEPTEMBER
CHILLY	HALLOWEEN	SQUASH
CIDER	HARVEST	THANKSGIVING
CORN MAZE	HAYRIDE	
COZINESS	MULLED WINE	

WINTER

```
F D S N O W A N G E L U D E H N S R
W V C H R I S T M A S I C M A W L A
Z K A R S S Q P L B K F L A N N E L
I C R T H K T E K N A L B K O I I I
M Q F O E S I B O N T I X F P Y G R
X F I R E P L A C E I H H X V G H K
H O O S I I C F W W N A M W O N S E
U J M N C K T R T Y G D R O G I N M
V R I O I E Q E E H R O G L L O J
L V A W C T C E N A T Y T B X G W C
F B W B L I Z Z A R D E S G E G F W
M L W A E B V I C R V M W G M U L T
D H W L C T S N O W B O O T S N A Q
N S Z L C S J G J X Z V N A C S K Q
E G T V E O J Z K F U P S H N I E D
E Q H H F R L Y Q F C L I L H V M P
L A S L N F O D E C E M B E R S K H
J E W R H B Z J V F T Q S Q E A Y D
```

BLANKET	FROSTBITE	SNOW BOOTS
BLIZZARD	HAT	SNOWBALL
CHRISTMAS	ICICLE	SNOWFLAKE
COLD	NEW YEAR	SNOWMAN
DECEMBER	SCARF	SNOWSTORM
FIREPLACE	SKATING	SNUGGLING
FLANNEL	SLEIGH	
FREEZING	SNOW ANGEL	

Solution at page : 121

TYPES OF ROCKS

```
T N O I T A C I F I T A R T S F V W
D F B K W Y B W T W A G J H U A A V
G V S Q W U W A T J M F E R J R T C
P S I B J C F S S S V G H R L D T O
S E D I M E N T A R Y A M P J P E Z
I R I J J C S C H I S T P E G E O Q
O P A C O N G L O M E R A T E T F S
Q E N O T S D N A S O P F R O R E L
Y N Q A N D E S I T E T A O D I D I
Y T L I T H O S P H E R E L E F E S
Z I P S B X J M Q T E C T O N I C S
Q N W I S O Q C G S A Z Q G E E R O
B E E P H Q U T C G Y U Y Y G D Y F
M G F V A B A S A L T J T Q B S S F
E Y G O L A R E N I M Y O T G A T C
Y G Q U E G R A N I T E K Z X A A J
Z Z Y Q K G Y P S U M R S K K B L I
H W Z J X Y Y X F V O L C A N I S M
```

ANDESITE	LITHOSPHERE	SEDIMENTARY
BASALT	MINERALOGY	SERPENTINE
CONGLOMERATE	OBSIDIAN	SHALE
CRYSTALS	PETRIFIED	SLATE
FOSSILS	PETROLOGY	STRATIFICATION
GEODE	QUARRY	TECTONICS
GRANITE	SANDSTONE	VOLCANISM
GYPSUM	SCHIST	

Solution at page : 121

BIRDS

```
B C W X K R S K G P Z G V O N E C O
E I F A D H O P X Z L O H I A M H G
R K A E B F N W I N G S A H C N I F
N O B L Q Z L Y S W O P H U I A R X
M U T N B T H O A V A E Q M L C P H
G T O P G A Z L C G D D G M E U I Y
C T S U A S T O R K B C S I P O N Y
E K M D O R A R Q D D M P N P T G R
H G M L Q E C R O W F U A G T M J A
D N M S L H T J U S T C R B S S E C
R U Q D E T S A S O S T R I C H X D
W Y C P W A W L L Q C M O R A H P P
D R E K C E P D O O W X W D A K C R
W J A U E F Y C E U N V M B B B P F
P L U M A G E E O X V S O X D Q P R
L O N O G S D T P B B T V E R T S R
V P L Y L G A N A I V A J Y I D O N
T S T K E C M G N I Y L F O Q G C J
```

ALBATROSS	FINCH	RAPTOR
AVIAN	FLOCK	SPARROW
BEAK	FLYING	STORK
CHIRPING	HUMMINGBIRD	TALONS
CROW	OSTRICH	TOUCAN
DUCK	PELICAN	WINGS
EAGLE	PIGEON	WOODPECKER
FEATHERS	PLUMAGE	

Solution at page : 122

MAMMALS

```
E A K G K O C K B J Y H D T R S X Y
K N K M O L I V E B I R T H R T E Q
S T G B A P G M U Z Z L E E C X C T
F G Y W P R B A Q B W E K R R U H Z
K H S I C I K M U V E S Q B O O O B
D U U U K M K M M S I N D I D M L P
D E Q T B A F A D H Q H X V E O O W
I K B H L T N L W N H A Y O N K C A
W H L A D E P I B Q K N U R T P A R
I H O S C P L A C E N T A O L A T M
S U O R O V I N M O E L U U V W I B
Q F J O N I A M H D R E Y S J S O L
I P S O V S J R M U J R S N K Z N O
W K P S Q E N V Y Q R S P A I Z B O
N F I Y U E S T E U Z I S I H R F D
I C L I Q J Z T F A N G S H W T I E
T S S V E R T E B R A T E O J O H D
D G M L Y J F R K G Z H G D S I N P
```

ANTLERS	LIVE BIRTH	RODENT
BIPEDAL	MAMMALIAN	TAIL
CLAWS	MANE	TRUNK
ECHOLOCATION	MUZZLE	TUSK
FANGS	OMNIVOROUS	VERTEBRATE
FURRY	PAWS	WARM BLOODED
HERBIVOROUS	PLACENTA	WHISKERS
HOOVES	POUCH	
HORNS	PRIMATE	

Solution at page : 122

REPTILES

```
M T A E G S W M R D H S B S P F J K
K C A D R N K N E J L S N A K E S Y
C L E L O B M P P I P N O F S V S K
G O V Y D A W D T V O X H K Y K X C
C E L A K A V H I E Z C T F Q G T O
V O L D Y C E V L N C A Y A O O T N
R Z V F B R E E I O V I P A R O U S
N M O J M L M O A M N H G T I K R T
M A E C P A O U N A G T O U M T T R
A U L Z H K R O C T L I I U A K L I
X J I C K E L F D E S L V H M N E C
O V D R D R I S H E D D I N G I A T
H D O N A C Z C C S D M F G T U E O
G U C F U R A U V A K U B S A D P R
Y X O G U X R T T M L T E R P T I R
D O R O Q Q D E H E E O G Y K O Z
B M C C T U L S T O S J S F H I U R
T S A Q N Q L N R G V D K K Y L J R
```

ALLIGATOR	LIZARD	SLITHER
BASK	OVIPAROUS	SNAKES
CHAMELEON	PYTHON	TERRARIUM
COLD BLOODED	REPTILIAN	TORTOISE
CONSTRICTOR	SCALES	TURTLE
CROCODILE	SCUTES	VENOM
IGUANA	SHEDDING	

Solution at page : 122

TIME

```
K O R V P T M N S J F N C M N P V Q
O T D V K N J E S C H E D U L I N G
Z E W O K P D T Y W L U S U N V G G
K K T L C A L E N D A R P R J W Q Y
J Q Q F C P A R C S T O P W A T C H
E Z B E M I V U H K W Y E C T E L Q
Q R D T I M E T R A V E L S B Z Y J
H J T E N C C U O Y K X A D N Y F T
Y N H M U L H F N S R U O H P U M N
K W N P T M R Q I E E R E S E M F Y
G H R O E G O Y Z I G C T P G O C B
D H S R S W N X A R S J O V X N J F
D U R A T I O N T U C C M N X T P L
Z A K L V H L L I T H G O T D H I Y
O R Y X C R O P O N A E R M T S I G
S A Q S T H G W N E G I R A W I S G
H N K Z Q U Y J Z C T H O F U G D I
I A P E G E H K F N E K W M Z Y S J
```

CALENDAR	FUTURE	SYNCHRONIZATION
CENTURIES	HOURS	TEMPORAL
CHRONOLOGY	MINUTES	TIME TRAVEL
DAYS	MONTHS	TOMORROW
DECADES	SCHEDULING	WEEKS
DURATION	SECONDS	YEARS
EPOCH	STOPWATCH	

Solution at page : 122

RESTAURANT

```
S A B P Y Z S G C I R J W G R T L R
Q C V V M O C C U R A Z B Y T U J M
N R E S E R V A T I O N H C M O F B
M C Z X E S S I L V E R W A R E E S
N S N A I R A T E G E V I N B K N W
S O M M E L I E R B U O J D D A X Z
X X A R E H O I Y X J Z E L G T Q D
Z V Y H W N Y J W A I T R E S S D I
R C Z K W H U R Z C Y J H L S C P E
Y G H X D V V E S W A D V I L X T B
T A V E R N Y P B I S F G G A Z P T
H I G H C L A S S N T B E H I O J R
W O R N I K P A N E E U A T C F K A
V Y S O O V X S K L A F S D E O Z P
N E N T A B L E S I K F D G P R T J
W C I N E V Q P O S A E O L S U I Q
U R H W J S F G B T X T R O N V A A
T Z V N I O S U M G N I N I D A E S
```

BUFFET	MENU	TABLES
CAFETERIA	NAPKIN	TAKEOUT
CANDLELIGHT	RESERVATION	TAVERN
CHECK	SEAFOOD	VEGETARIAN
CUTLERY	SILVERWARE	WAITRESS
DINING	SOMMELIER	WINE LIST
HIGH CLASS	SPECIALS	
HOSTESS	STEAK	

Solution at page : 123

SCHOOL

```
S H F W D S C H O O L Y A R D N G G
W P Y P H C S B L C M G E V M O P K
R Y H P L T E X T B O O K S J I A O
Z K D D U M C C O F E B U S R T S S
K R N D N T I O L X X F T T U A T L
O H E P C L I B R A R Y D G P U U O
X N S C H O O L B U S L F H Q D D O
T E S T B M E Q Z X E S X H F A Y J
C C U A R Z L N G I U C R R T R G R
I O G L E R X U F Z Y P M O O G R W
N N N M A X E K T D A P R T O O O L
A O I A K P X N L N O S S E L M U O
I M N T U N I F O R M I H P V B P C
H I R C D Q X C X E H O M E W O R K
M C A S F Y Y L N S S M P J H W K E
Y S E O F C L R W I D X J E N J D R
N F L I T E R A T U R E R E C E S S
T K U W B G E O G R A P H Y G W C Y
```

BELL	LEARNING	SCHOOLYARD
CLASSROOM	LESSON	STUDENT
ECONOMICS	LIBRARY	STUDY GROUP
EXAM	LITERATURE	TEST
FIELD TRIP	LOCKERS	TEXTBOOKS
GEOGRAPHY	LUNCH BREAK	UNIFORM
GRADUATION	PRINCIPAL	
HISTORY	RECESS	
HOMEWORK	SCHOOL BUS	

Solution at page : 123

CINEMA

```
B F Z N E G O X Y Z N A W E A B Q E
E B M O B O W P I O F I L M I N G N
K D W I J T A K U D P Z U U K F A V
C S W T B B L O C K B U S T E R O W
L C M C Q S C M M C L O S E U P F
Q R R A R E M A C P I L E O S E U B
P E P T A M G M Y B T E K C I T E R
J E R R E L I A R T A U A F G A T E
T N T G O Z R R Y Q M Q M I F Q Q H
O P X I X J Z D Y I E E E L F R B E
G L R T M C E D B C N S R M Q M K A
M A K E U P E C E C I F F O X O B R
M Y J K M M F L T S C L S G X K P S
B F D W O I Y D L I O Y C R B C V A
E Z F C I N E M A T O G R A P H Y L
D I R E C T O R U A G N I P Q F X A
M F T H A C T R E S S F P H I L Q L
B Y P Q V D W N Z Q N R T Y L I Q E
```

ACTION	COSTUME	REMAKE
ACTRESS	DIRECTOR	SCREENPLAY
BLOCKBUSTER	DRAMA	SCRIPT
BOX OFFICE	FILMING	SEQUEL
CAMERA	FILMOGRAPHY	TICKET
CINEMATIC	MAKEUP	TRAILER
CINEMATOGRAPHY	PREMIERE	
CLOSE UP	PROJECTION	
COMEDY	REHEARSAL	

69

Solution at page : 123

FAMILY

```
J W C R B F Z V V R S F I L L M S S
K N V H X N A G N I G N I R B P U E
N B G G E V T M U Z T B X B Q L X W
G P H D D W J S I B L I N G S J G R
T N E R D L I H C L M H A F A M I E
G I X S P O U S E D Y Z S A O Q R S
V E Y L S I S T E R J T R T K P E P
Q C N C H E Y Q Z B H N R H F B L O
K E F E A W N X X B H E M E R Y A N
T O S U R O G R A N D P A R E N T S
E M N M I A E H E P U H J S H U I I
E T I Z N T T Q R H N E R B T Y V B
E D S W G T T I W R T W T T O Q E I
Y K U Y V B B R O T H E R M M D S L
P M O L R L N W J N O P G A N X D I
H K C U V W U K K H M T S O I Q W T
A S U J F D U N C L E S B E T B A Y
G J M Q H N D S Y N M I W D N E K Q
```

AUNT	GRANDPARENTS	SIBLINGS
BOND	HOME	SISTER
BROTHER	MOTHER	SPOUSE
CHILDREN	NEPHEW	TOGETHERNESS
COUSINS	NIECE	UNCLE
FAMILY TREE	RELATIVES	UPBRINGING
FATHER	RESPONSIBILITY	
GENERATION	SHARING	

Solution at page : 123   70

ADJECTIVES

```
G Y Y O L Q J E T Q E S E K I A N W
P R Q Q M D G Q A L S K Q H M D J S
T N A I D A R Q C L Z R B R A V E F
M G R C G E N E R O U S W Q G E W L
Z E E H I H O N E S T S M W I N G Q
B T S U N O G R A T E F U L N T F C
F A O M D S U V T S J O F L A U U S
I N U O E X C S I T G S X A T R N J
X O R R P R O H V E T P I Y I O N E
Q I C O E W I S E S O A U O V U Y L
B S E U N E O Z D L D F U L E S B B
I S F S D O P T I M I S T I C L P A
N A U A E H X T T N A R B I V T Y I
X P L J N U E X P S G B I O I Z M L
H M X B T A L E N T E D D R O N B E
D O E T W R X H H W X H J L V K H R
Y C H A R M I N G C E I C G O V G P
B O N K L U F I T U A E B I S J S U
```

ADVENTUROUS   GRACIOUS   POLITE

BEAUTIFUL   GRATEFUL   RADIANT

BRAVE   HONEST   RELIABLE

CHARMING   HUMOROUS   RESOURCEFUL

COMPASSIONATE   IMAGINATIVE   TALENTED

CREATIVE   INDEPENDENT   VIBRANT

CURIOUS   LOYAL   WISE

FUNNY   MESMERIZING

GENEROUS   OPTIMISTIC

Solution at page : 124

COOKING

```
H G Q Y W S N A P P L M Y G D H D Q
P E S O M A R I N A D E Z J W S T F
B O E O M U I C A R A M E L I Z E G
P Q B V D T T L Y G B H N C P I O Q
K G E T M E C E D Z P N K W H L X A
Q A S T O P M O N Q C V M S U H Y C
J P E I W N Y A U S I I O T L N B N
G B G P M A B R E C I P E Y I Q O J
N R M O U M X O P T T L L Z O F I E
B Q A Z I O E J J Q S P S R R H L B
G N I T S A O R H A D A O W B S I S
S N J H E S V D P C P K F O X I N P
O J I L L G H M S P Z F R Y I N G U
V K H P T U O A W S G W W I M R U W
T L T Z P L A U M T R R O I I A P G
A T H X A O T H J F O L D I N G V V
E R E J R M H D I C I N G C C R K N
A Y P N U A Y C O O K W A R E O B C
```

BOILING	FRYING	RECIPE
BROIL	GARNISH	ROASTING
CARAMELIZE	GRATE	SAUTE
CHOPPING	MARINADE	SIMMER
COOKWARE	MINCE	STEAM
DICING	PANS	UTENSILS
FOLDING	POTS	

UNITS OF MEASUREMENT

```
T L T N O Z G L K I R R E K N Y C V
E E G Z Y M G I P Q W C I B Y Q E C
H K N P G Q T T I E H N E R H A F T
K I L O M E T E R T N X B T A Z X H
K I G R A J A R Q U Y N Y A X D D C
G S L A Z H W G N P F Y O B M G K P
E P J O U L E R Z U X V H L E L I M
Q V L M G M T Z R N J N P E C R G F
B A R R U R Y N V O B T M S N W K J
J J J F E J A E I O L K K P U D V T
A P O O B W R M D P O E J O O C O A
H A C U O D D Z E S B C D O Q H D I
V G M V O U Q W G A L L O N V X T F
M O E L H Z Z T R E H V F Z G V F W
I B L A M P E R E T C E L S I U S Q
C E N T I M E T E R N W H E U Q X Z
G L S Q B I O D E C I B E L M R E K
G X H J R Z G X D K M X M X L E Y J
```

AMPERE	INCH	PINT
CELSIUS	JOULE	TABLESPOON
CENTIMETER	KILOGRAM	TEASPOON
DECIBEL	KILOMETER	VOLT
DEGREE	LITER	WATT
FAHRENHEIT	MILE	YARD
GALLON	OHM	
HERTZ	OUNCE	

Solution at page : 124

TREES

```
Z G W L I K D O T R Q T L I I R L S
S Z R L P X T I M B E R N X O Q B D
H B H L S P G A S H A A D R N E S V
A S W K D I G R T D P S S G X N R Z
X E J N O N Q B Z A X P P K W M N Q
J H U O O E C O N I F E R M A Q C Q
I C N L W B F R U O Z N U P P A D E
K N I B D W V E G U T H C K H N E P
A A P F E G R T Q Q C S E E F Q H X
S R E Y R O N U H E N E Q A P L L F
Y B R K M X B M E S Z U D B B G M L
S J P A E E F B M N L M P A I C V O
C U C O K O Y R L W T G M N R W N E
Q Y H Y R M A H O G A N Y O C C P G
S O B E K L A L C A E G M S H V A C
S F S B P B L P K A M Q X D D N C F
O T T O P I X N L T I G C X F Y N S
V K P V W H P Y Q E N G V M E E R B
```

ABANOS	FOREST	REDWOOD
ARBORETUM	HEMLOCK	SEQUOIA
ASH	JUNIPER	SPRUCE
ASPEN	MAGNOLIA	SYCAMORE
BEECH	MAHOGANY	TIMBER
BIRCH	MAPLE	WILLOW
BRANCHES	OAK	YEW
CEDAR	PINE	
CONIFER	POPLAR	

Solution at page : 124

NATURAL PHENOMENA

```
Y T V T K B L O O D F A L L S S V T
G L A H O T S P R I N G E L E U S E
P E X P F H S W P T I F M Q I N R X
T V L N B U C C E C X Q M S O W C B
S Q N D K N V R E V E T U S A Y E Q
N J C Y X D I B H S A N D J J F D N
C D Z Y R E E W T O S W S B O Y N X
S R A S Z R C K O E W S L L P E O S
O O Q Y G U O U T A Z U I A H S E O
E U Y G I P E E U B U N D E D P A L
F G Q F O R E S T F I R E P Y I R A
L H U R R I C A N E P I O A F L T R
H T A O T G Y R G C M S N R L C H F
K B Y L Z T B G E Y S E R S A E Q L
H T O Q O J K H N E B G J G V Q U A
D Y P S M S A F G A F W O B N I A R
G A G C T I K Z F F W O R R A J K E
V X B O L A N D S L I D E E S I E A
```

AURORA	HALOS	SOLAR FLARE
BLOOD FALLS	HOT SPRING	SUNRISE
DROUGHT	HURRICANE	SUNSET
EARTHQUAKE	ICEBERG	THUNDER
ECLIPSE	LANDSLIDE	TIDAL WAVE
FOREST FIRE	METEOR	
GEYSERS	MUDSLIDE	
HAIL	RAINBOW	

75

Solution at page : 125

HOUSEHOLD ITEMS

```
X P Z K F R Z J R S B U G Q I O N F
W W F F N O O B N M F Y L O K L O G
N P U W Z M T R A S H C A N R U P G
L Q R X I C H O O W H H S C E Y E Z
L J N B L Y Z O T K C Z S F L D U H
B M I B P A O M B G U Z W C T Y R F
J Y T E L E V I S I O N A J T P N S
D I U D Q L A M P K C A R L E W O T
C O R E N Y B S C L O S E T K U R M
V W E L K U N V H F A C H G O W I X
Z I K K S T O R A G E T F O B K R V
W N R T A P P L I A N C E S X Z Q Z
V G K D R N W A R E Y R D S R O S H
L W U T E O V U C O V D T L E Q O G
W C I C Q H T N P N W R X N O A J C
G Y C T N F B D W C D R N Z Y A Z Q
V M K E U G A R A G E P B D R R E F
B H D K J X R Y M N I W H F O D B C
```

APPLIANCES	FURNITURE	MOP
BED	GARAGE	PLATES
BROOM	GLASSWARE	STORAGE
CHAIR	IRON	TELEVISION
CLOSET	KETTLE	TOWEL RACK
COUCH	LAMP	TRASH CAN
DRYER	LAUNDRY	

FISHING

```
A K I T R I T G Y T E R Z X M M A N
I G K D E S R N N X Y N L M O T G X
Q S B K L O O H S I Q H D M W L F S
S O I Y U P U A E E R T H Y K M N N
M P K P G G T D W B K R A V Y U J F
K B E I H X A D A D A X E O G H H F
G R Z R M O M O N K F I S H W J O N
P E F F C O O C G X F G T C B W Q L
L D H X A H S K L I D I N N N W H S
E D N F T A F A E O F H S A L M O N
D A G T F L Z B R E E L L K E D A W
D L D Q I I I Y G D G V V A H X Q Z
I B M H S B U N L S I Z I S X C U D
Q M K Z H U W T E F I N Q K T Q T X
G I W H I T E F I S H K E K E Z P G
Q W T R O E E Q S K M A C K E R E L
A S O L F O D N D Q K W E O A R I J
Y T Q A N M O Y B A R R A C U D A O
```

ANCHOVY	HALIBUT	PIKE
ANGLER	HERRING	REEL
BAIT	HOOK	ROD
BARRACUDA	LINE	SALMON
CARP	MACKEREL	SARDINE
CATFISH	MONKFISH	SWIM BLADDER
GROUPER	NET	TROUT
HADDOCK	PERCH	WHITEFISH

Solution at page : 125

FICTIONAL CHARACTERS

```
P W F M J T Z W I A H D J W E F V L
V A M P I R E K F J D N I A L L I V
W L S J T S I N O G A T O R P O V F
R I X U O U C R E C C H V J O W T Q
E E Z B V U E O B H S G O D D E S S
L N E A Y H B Q J A O T O B O R I E
F I G A R A U M Y K B C P G W E N E
V N U E H D U G E N I Y R I E W O H
C T P N Z S Y L Z O M B I E R B G P
X U S O R C E R E R B O N N D A A N
S Q J P W K M M U E W R C G I K T G
J I P U K Q U X D H Y G E Y G H N E
M G D M Q E T H G I N K S H H T A A
R U D E W O A R Y T R N S G M F O L
O V H E K G N M O N S T E R E J F P
K C D Q Y I T V P A O Z O K P P L X
W Z Z L K R C T B Y U X U X C A P R
L E T U L A A K V X R N Q E W Z K J
```

ALIEN	MUTANT	SUPERHERO
ANTAGONIST	PIRATE	VAMPIRE
ANTIHERO	PRINCESS	VILLAIN
CYBORG	PROTAGONIST	WEREWOLF
GODDESS	ROBOT	WITCH
KNIGHT	SIDEKICK	WIZARD
MONSTER	SORCERER	ZOMBIE

Solution at page : 125

METALS

```
U N R O K V N S O X I D A T I O N P
C S T Z U H X O Y Y S R J W L E J S
C Y L G U G O L D O G W E L D I N G
I O G E A S K D L Q L M L L C T M C
J E N J K K J E I S P L E A K R J H
H Z I D Q C E R Y P D E A B H H C A
J N T S U E I I V L T W Y F H N M M
H G S M U C Y N J S S A R B Q U O E
E G A E X C T G N I T A L P I I I T
C E C L R O W I P L A T I N U M C A
H E E T V B J B V V C L A X A G H L
K Z U I F A O U O E O T U G T E R L
A U S N E L N V F R I O N M Z O O U
X A J G R T T I R T E E G J I N M R
Z E S T R V G K Z J T P N O J N I G
V A J C O R R O S I O N P S J O U Y
E C J Y U Z I N C B N C P O F U M M
D B N N S S S L B V J G V A C I U J
```

ALLOYS	FERROUS	SILVER
ALUMINUM	GALVANIZING	SMELTING
BRASS	GOLD	SOLDERING
CASTING	MAGNETIC	STEEL
CHROMIUM	METALLURGY	TITANIUM
COBALT	NICKEL	WELDING
CONDUCTIVE	OXIDATION	ZINC
COPPER	PLATING	
CORROSION	PLATINUM	

79

Solution at page : 126

WRITING

```
V C I C F D O Z U A M K E N Y D L V
T F W L U M S T O R Y T E L L I N G
P R O O F R E A D I N G L W R A S B
E X Y N X U N O O G N I T F A R D B
F S M A H Z T F I B U R W M C Y V Q
H R O R D L E G E Q B B C B Q M L M
B Q B R W G N I L L E P S G J X V C
H L D A P I C W O X U U X Z O T V G
B T G T T M E T A P H O R U U M N Q
N N Y I E A W V Y N A S G L R I P A
G F D V Z N R E O P Z R F A N P P E
G E I E D U S O L Q E T A I A Q K H
J H J Q K S I O H D D W L G L P I I
W Q J F A C T X T T O T R V R N U B
U X P Y A R H Y M E U J G I Q A A G
C N O N F I C T I O N A X I T Y P B
H Q E Q U P Q K V Q R G T N X E D H
G W M R E T C A R A H C E U W N R I
```

AUTHOR	METAPHOR	PROSE
CHARACTER	NARRATIVE	QUILL
DIARY	NONFICTION	RHYME
DRAFTING	OUTLINING	SENTENCE
EDITING	PARAGRAPH	SPELLING
ESSAY	PLOT	STORYTELLING
JOURNAL	POEM	TYPEWRITER
MANUSCRIPT	PROOFREADING	

Solution at page : 126

SOCIALIZING

```
K B U C G A C O M M U N I T Y I P N
U U T N Z Z I N T E R A C T I O N V
Q W I E V S T Y R Z M M R M Z D R E
E K C T C O N V E R S A T I O N S T
Q Q O W Z C F Q G L P A W F G A M I
C A N O F I R N B K I J I G C M A Q
D V N R N A I O B T H C N I R Q L U
T B E K F L E Y I J S I D E D Z L E
J K C I G M N P A D N O U S W B T T
R T T N L E D B D E O N R A E O A T
B P I G C D S B T X I W I S F N L E
L M O F U I H S D O T R W X G D K J
Y S N X D A I S N G A T H E R I N G
Z V F C J L P X O Q L J F T H N U A
C C M B X U S R J M E E T I N G Y S
Z X N C O L L A B O R A T I O N U U
S N O I T C U D O R T N I S I H X X
D C O M M U N I C A T I O N F S U Z
```

BONDING	FRIENDSHIPS	NETWORKING
COLLABORATION	GATHERING	PARTY
COMMUNICATION	INTERACTION	RELATIONSHIP
COMMUNITY	INTRODUCTIONS	REUNION
CONNECTION	LISTENING	SMALL TALK
CONVERSATIONS	MEETING	SOCIAL MEDIA
ETIQUETTE	MINGLING	

Solution at page : 126

WOODWORKING

```
U Q R F Q C N D O I T Q Q Z N X R N
B A N D S A W A B J I O D E P Q A Z
C F I F C L I A T E V O D F Z P J F
V T A C S I C A R V I N G M Z K O O
H Q R P F P L A N E T O O L D S I V
B G G G Y E F N R F I N I S H I N G
M P D A M R E M C P O N M A L L E T
L Z O Y S V U X J X E J E P X Y R U
A W O O D G L U E S V N E B O N Y R
W J W K D W Y E B M V J T R J I D N
C F I M H L Z T W O S E A E F A Q I
G K X T B E U W J O O G N B R T Y N
R O R Z O R H T D T D S I E L S R G
N E V A R N I S H H Y O M J E B M Q
U E L P W X K P E I T K A O L R M I
Z Z F L A T S A W N E O L M I T V M
D N A J I O O B R G R R S J K K J S
U S D I J F Y P D W R J M R Y L G H
```

BAND SAW	FINISHING	PLANE TOOL
CALIPER	FLAT SAWN	SMOOTHING
CARPENTER	JIGS	STAIN
CARVING	JOINERY	TURNING
DOVETAIL	KNOT	VARNISH
DOWEL	LAMINATE	VENEER
EBONY	LUTHIER	WOOD GLUE
FILLER	MALLET	WOODGRAIN

SINGING

```
P S S F C T E Y T L V W G M F J X G
O Q Z N O I T A T E R P R E T N I Q
H I D I A P H R A G M G Q C T R R T
F N X U E C S B N W D A L I Y Q T P
K D F V O C A L I Z A T I O N I P T
Z P P Y K J Z P M Z N H A V G H I Z
L H N C H J J K P Q N S Q D P Q M G
Q L J E O L N H F E G H S A N K P E
M E Y J L N Q Y V R L A F E J P R Z
B G P U T J C G I C X L V H U T O R
G B I G P W B E Z F D J A T G E V Z
I U T T I Z A I R A C Y U I D A I N
Y E C H O I R G T T E W D K G C S P
R Y H Y M N I N O I T C I D R U A L
F A L S E T T O N C A N T O L I T J
K V S M N P O S E J Y O I I P W I S
V J D A T Q N S V J S C O Q R M O B
Q A I W Q T E N O R S O N O S I N U
```

A CAPPELLA	DIAPHRAGM	PITCH
ARIA	DICTION	SONG
AUDITION	FALSETTO	TENOR
BARITONE	HEAD VOICE	TONE
CANTO	HYMN	UNISON
CHOIR	IMPROVISATION	VOCALIZATION
CONCERT	INTERPRETATION	

Solution at page : 127

COLLECTABLES

```
E M L O O K F I M T C F X E B B R O
P T N I G A L K H E O U R I W L P Q
E W X M H W F R W G M Q B E J F E H
C O L L E C T O R S I G P U D I V W
L O Y L Z G K W Q O C Z P I Q G H A
F D I F H S N T R C B Q Z A A U H Y
B A M N K S L R C I O T T I N R S X
M U M A S M P A I G O A T L T I O B
D C T D K N K I B F K J I I N H M
R M A T C H B O X E S P I B Q E J C
D E A D O L L S D G L O S A U S N A
W D O P H N H Q S S G S T R E G X J
V A P G S T S W T E W T A O S K G I
O L X L N J P A O H U C M M R C M E
Z S N S R N W V Y C M A P E R G E K
W N T F Y M P O S T E R S M N T W Y
S H P A R G O T U A Y D C K A Y R Q
X P D L E W B N B W I S A O T Q I T
```

ANTIQUES   COMIC BOOKS   MEMORABILIA

ARTWORK   DOLLS   POSTCARDS

AUTOGRAPHS   FIGURINES   POSTERS

BUTTONS   LABELS   STAMPS

CHINA   MAPS   TOYS

COINS   MATCHBOXES   WATCHES

COLLECTORS   MEDALS

TRAINS

```
Z O K D M G K W S I W Z M L V J E R
R Z N E X P R E S S T R A I N G B D
E V I T O M O C O L A O A E A K S N
M S D K Y L O Z O F H C N I J L I U
L H O F F D S N B L O U R H L L G Q
G E Z O W O W Z C N S R Y T H W N K
K C N L B M X Q D C A D H N F T A U
Y O U N K A J U N C T I O N R L L Y
W M M B U I C C M B O V H Z E S Q K
O P H T W T N X A V S M H A I D U S
E A T B O E C C N M E X M T G L N G
G R W R L E E X P R N E N U H F Z R
P T A A A L U X C O U C H E T T E H
A M Z K P C S E I F V I G Q Y E I S
T E U E U X K T Y T R A I L Y A R D
B N E M A M A S R A I L R O A D Z C
S T X A D T C N Y L V A O D I Q X W
S U T N S I K Y P P V G O W K S K C
```

BRAKEMAN	EXPRESS TRAIN	RAILWAY
CABOOSE	FREIGHT	SIGNAL
CARRIAGE	JUNCTION	STATION
COMMUTER	LOCOMOTIVE	STEEPLECAB
COMPARTMENT	PLATFORM	TRACKS
CONDUCTOR	RAIL YARD	TUNNEL
COUCHETTE	RAILROAD	

85

Solution at page : 127

CONVERSATION

```
G N D Y K C E C N E R E F N O C X M
U L D I A L O G U E J L Y S V J F J
J V I E G N N H M N C C I I L K C I
H W S E B X A Y W G O O R A M D T L
Y G C K S A V R Y A N L V R C E M L
V N U B U R T P T G N L E E H L S Z
V I S L B T L I B I E O R S I I Q C
B T S P T V X S N N C Q B M T B U S
N C I I W C U S P G T U A D C E E P
O A O Q J R Z O Z G I I L H H R S E
N R N E A E Z G A G N A Y A A A T A
S E X P R E S S I N G L Y H T T I K
J T G H R O T U C O L R E T N I O I
A N S W E A R R G E W O L Y I O N N
S I X P J C V H U S C M R C L N V G
C O N V E R S A T I O N A L O K T R
Y M G J E U K J W X K F P V K B Y P
P P Q B D T L G P V H U M D V L E Q
```

ANSWEAR	DEBATING	INTERACTING
ARTICULATING	DELIBERATION	INTERLOCUTOR
CHITCHAT	DIALOGUE	PARLEY
COLLOQUIAL	DISCUSSION	QUESTION
CONFERENCE	ENGAGING	SPEAKING
CONNECTING	EXPRESSING	VERBAL
CONVERSATIONAL	GOSSIP	

Solution at page : 127

MUSEUM

```
O L Q Z R O T A R U C F D C S A S T
T R E S T O R A T I O N E A X N S G
C U S E V I H C R A H X W Q D C D G
K A M E A Q C O N S E R V A T I O N
B F F Z N J T D H D Z U N E I E M W
A G O P T S N Y G A L L E R Y N N T
D M E D I E V A L N E B X I A T O N
T U D H Q Q O C S O Y G A N L P I Z
Z U E M U K R C A V E M A N P I T Q
G R F E I M W I R R S H B T S S A Y
P L U T T K F H U R W Q G T I I V C
G A N O I T A T N E M U C O D R R E
Z O Y Y E Q P O D J P R G N Q Q E X
T W K K S L M G G B B U F O P V S H
N A C W U Y D C L A S S I C A L E I
X A R C H A E O L O G I C A L L R B
M U S E O G R A P H Y X D T J K P I
O O W D M X O A D T V J V W E Z F T
```

ANCIENT	CURATOR	MEDIEVAL
ANTIQUITIES	DISPLAY	MUSEOGRAPHY
ARCHAEOLOGICAL	DOCUMENTATION	PREHISTORIC
ARCHIVES	EXHIBIT	PRESERVATION
CAVEMAN	GALLERY	RESTORATION
CLASSICAL	GOTHIC	SCULPTURE
CONSERVATION	HERITAGE	

Solution at page : 128

PICNIC

```
S B J M Y N T P I C N I C K E R S C
K I T N Y U R S A N D W I C H E S Z
B T R L O G S E P P E S D R O E Q N
O B C K G G R I L L E D F O O D A H
G L O P S Y X M S O M R E H T J B Z
H O U U Y P I C N I C S P O T L S O
C Y N I Q L P S Y C Y W Q L J G Y Y
T N T V F L S I R S T V I C A M I L
Y G R U N F L E C R I G W P S T F E
X Q Y N B F J U E N L F R Z O Q E I
G T S V A F T L A T I P G D C L D S
O R I E F N O A C I U C A Q H T V U
E P D M M O T N W V Q J M S E E H R
L Q E X C U R S I O N Y M A W K W E
S P R E A D S C M E A D O W T S Z T
O C C X Q S Q A Q D R A Y K C A B W
F I P Q M S U N B A T H I N G B Z A
E N G C J I S T Z H F O G O G L X R
```

ANTS	ICE COOLER	SANDWICHES
BACKYARD	LEISURE	SPREADS
BASKET	MEADOW	SUNBATHING
COOKOUT	PAPER PLATES	SUNNY
COUNTRYSIDE	PICNIC MAT	THERMOS
EXCURSION	PICNIC SPOT	TRANQUILITY
GRILLED FOOD	PICNICKERS	

FRIENDSHIP

```
H E C N A T N I A U Q C A B U L R C
P L A T O N I C D D U T S M N S E O
V R C X G J W L Y L X U U U C C V N
I W C F P L R O L M O S R T O Q C F
F F E Q Z D P S A V J Y G U N P Y I
D W P I T I S E E G O M A A D H U D
Y R T F H R F N C U X P R L I O I E
B E A S F G U E G N E A E O T E R N
A L N T O X V S W Z L T S V I Y F T
K I C S R Y I S T H T H P R O N F I
K A E Y G T J V E W A Y E A N N E A
F B M M I S H A J K O D C Y A I Q L
S I K J V E T K V N A R T K L Z S I
B L O H E N F L I R T A T I O N P T
P I H S N O I N A P M O C H O B I Y
D T I K E H Q M Z G S P K N Y D V W
Z Y T A S H A R E D Q B C V E Z A Q
Q B V C S C O R D I A L Q F W S Y A
```

ACCEPTANCE	FLIRTATION	RELIABILITY
ACQUAINTANCE	FORGIVENESS	RESPECT
CAMARADERIE	HONESTY	SHARED
CLOSENESS	KINSHIP	SYMPATHY
COMPANIONSHIP	LOYALTY	TRUSTWORTHY
CONFIDENTIALITY	MUTUAL	UNCONDITIONAL
CORDIAL	PLATONIC	

Solution at page : 128

COMEDY

```
L G H X R M S L A P S T I C K U C U
G Z A U D B K E G W T K V R M H P A
P P Y N M R N L K Q L X E S S J V O
C B Y F H O A X Z O J L L T A P N B
H K B E W Q R I N Z J L D A C W T W
R Y E I I V P A R O D Y I N R H L J
I P E L T O Z E X O L Y S D A Y D O
Z C R E T S E J X F N G K U S Z X Y
Y G S R Y S U I E H I Y T P E A A C
H N X C W T L O W T C A S F S F X P
R I D I C U L E I B Y O Y M L K Q M
W S Q M Z Q C F N R X D M S E A M V
N U G O V X F M S L A U G H T E R Z
G M D C O M E D I A N L H R H U Q C
N A Q X L H J W U X T C I Z V E I P
S F G L A O L S L F Q I M H K Z W N
S Y V K X V W P V U W R R P A Q E V
B E N I L H C N U P B E K E C R A F
```

AMUSING	IRONY	SARCASM
CLOWN	JESTER	SATIRE
COMEDIAN	JOKES	SKETCH
COMIC RELIEF	LAUGHTER	SLAPSTICK
FARCE	PARODY	STAND UP
GAG	PRANKS	WITTY
HILARIOUS	PUNCHLINE	
HUMOR	RIDICULE	

Solution at page : 128

BIKE RIDE

```
B I C Y C L E A C O D D K Z Q J T T
L A Y H X D M O R I M S G H K P H S
I S K G U T K F A M S A C F S O H N
U N Z T O U R I N G T E M L E H D H
P V L R X I Y I K N S B L A K H L U
S P J A R O J O C Y I H X E R K X G
T N M I W I Q D K Y L S W S P E E D
Y J O L S A D D L E C M G L E S L H
A S U F R A M E X H Y L T E D P Y L
Z P N P A J I Y G F C X E K A R B A
H I T U B E S Y D T E B K C L R W Q
A B A X E W H E M C H A I N S A S W
M T I D L E I R K U B X B B T O B K
X R N D D P F L L O D I D X R Y T G
R S B H N L T X R T P W A H O C U L
T V I P A N E W F S P S O Z K S Y Z
W M K M H K R J S Z O A R X E N Y N
Q A E J V E S C V W R W P V Q L R F
```

BICYCLE	HELMET	SPEED
BRAKE	MOUNTAIN BIKE	SPOKES
CHAIN	PEDAL STROKE	TOURING
CRANK	RIDE	TRAIL
CYCLIST	RIMS	TRICYCLE
FRAME	ROAD BIKE	TUBES
GEARS	SADDLE	
HANDLEBARS	SHIFTERS	

Solution at page : 129

CONSTRUCTION

```
F A S O Q B J T G W U V G R Z T G W
R Z A G Z A A K N S E N A R C C N Y
Z H L M I M F X I H I P Y M N Y W B
Q Y U O Z S C A F F O L D G O V Y F
I S V Z E A I V O O C U R N I K E T
O I G I J M N O O J A M Y P T T L M
C F N J S Y R K R B R B W P C M E D
C O I H T P D A C D P I A U U A C N
N U L M R B W Y C Y E N L K R S T O
M N I E U F R A M I N G L H T O R I
C D T Q C L L N O I T A L U S N I T
F A N S T O L J R M R W P R N R C I
W T L B U O U Z T T Y S E L O Y A L
G I H T R R M F A O V K Z M C M L O
Q O R N E I S X R Q R I K D X P P M
R N Q P H N E B N O I T A V A C X E
K H X F J G N E W E O P K X J N F D
Y S V I X O L M O P U W R P C W Y K
```

CARPENTRY	FLOORING	ROOFING
CONSTRUCTION	FOUNDATION	SCAFFOLD
CRANE	FRAMING	STRUCTURE
DEMOLITION	INSULATION	TILING
DRYWALL	MASONRY	WATERPROOFING
ELECTRICAL	MORTAR	WORKERS
EXCAVATION	PLUMBING	

ANTIQUITY

```
T W A N C I E N T T E X T S D V K F
D V M L V S B R D O M Z L S U I P G
P B H X S C I L E R S N Z O A B A T
L Y O Z H A R C H A E O L O G Y R Y
L T Z S T C C L P L U I Y T F X T D
G F H J T R S H I N T T R T H C H N
N G O P V O I L S J A A T O D E E H
O N A S T P B B W R T Z E M M B N C
O R R C L O T V E J S I S B R A O F
E L A A W L X G T S D L K S Q R N D
S M H O Z I E C S W S I R E R B A G
M W P C P S M Z Z V D V E B E A P J
R C X I Y S P G L A D I A T O R S H
S Q L Z R X E F S N L C O O P I G J
P B D S A E R S D S I L K R O A D K
T P X W M C O L O S S E U M X N L P
Z P N H I E R O G L Y P H I C S J X
X E A O D A B F A J G J R L K G U P
```

ACROPOLIS	GLADIATORS	ROMAN
ANCIENT TEXTS	GODS	SCRIBE
ARCHAEOLOGY	GREEK	SILK ROAD
BARBARIANS	HIEROGLYPHICS	STATUES
CIVILIZATION	PARTHENON	TOMBS
COLOSSEUM	PHARAOH	TRIBES
EMPEROR	PYRAMID	
EMPIRE	RELICS	

Solution at page : 129

HAPPINESS

```
T F C I F C O G A S P S B A G F N C
O D E L E C T A T I O N G R L U E H
C E W Q B W C X J T U C X Z G L E E
D T M E N H W N T Q R S S S C F N E
M R L G L D H A R E J O I C E I J R
E A M U E L Q O J T H R I L L L B F
M E E C E F B N O G Q S T U E L Y U
N H R S G S T E V Y V M J P B M Y L
I T R F J J Q L I C P M B L R E O N
F H I Y E V U Y A N R A D I A N C E
F G N J K R O B L K G E M F T T B S
A I E T N S A T I S F A C T I O N S
X L S N W O H C T L K Y R E O H Q S
C M S S C X T P Y D A O Z D N S T A
I I K A P P R E C I A T I O N K I X
X I P D O O S Y T D S M I L E S G H
O I N G Y Y T I V I T I S O P V I G
S L W F N F U W G L A D D E N F Y A
```

APPRECIATION	GLEE	REJOICE
CAREFREE	JOVIALITY	SATISFACTION
CELEBRATION	JUBILATION	SMILES
CHEERFULNESS	LIGHTHEARTED	THRILL
DELECTATION	MERRINESS	UPLIFTED
FULFILLMENT	POSITIVITY	WELL BEING
GLADDEN	RADIANCE	

Solution at page : 129

KNOWLEDGE

```
F M K H J E N D C N W L S A D M S A
H O E R U D I T I O N Q M V R I T P
U R A T I O N A L I T Y U T E N W T
F I N S I G H T I T T F Y D S D A I
H O N G R W S T G A O K W F I F D T
I C B T R Z Z J M M V M T H T U I U
L S Y R E T S A M R P O C N R L S D
Y F T J A L W Y C O M P E T E N C E
H S I T S P L M P F R X L T P E O P
C J R X O P K I T N E J L U X S V W
L I A O N A C N G I C S E I E S E F
U A L W I S D O M E F N T Y Y Q R I
L M C O N K R O C X N E N U C V A E
T U V H G P A M Z D S C I N D Y N I
S Y O W X V A W A R E N E S S Y Z Q
T L L O G I C T W K E X F R W A S C
E L E N L I G H T E N M E N T A F Q
M L Z K M Q Y N W J V D I H G V J K
```

APTITUDE	EXPERTISE	MASTERY
AWARENESS	INFORMATION	MINDFULNESS
CLARITY	INSIGHT	RATIONALITY
COMPETENCE	INTELLECT	REASONING
DISCOVER	INTELLIGENCE	STUDY
ENLIGHTENMENT	KNOW HOW	WISDOM
ERUDITION	LOGIC	

Solution at page : 130

GAME

```
E J P K E F W P F X Y Y L U G X A E
D L S L H N P V O B X G S Q A Q O P
T C I T K N D E I W L J J Y C D Y Z
K O M O H V K G D I E O H O J O K J
I M U L T I P L A Y E R O S E M G E
H P L J E C B J S M Y P U A W K S W
W E A S A T O C C C E G I P M W C C
M T T R M O A L G R X I E A H J I E
E I I Z D R R C A V P G W T D U T W
P T O P D Y D T H S N L A H A A C M
W I N S F H I P O I N T S F M R A Y
M O F F N V S C O R E A A K H Y T I
C N I W E F W G A G L V C F Z G O S
Q C A P T U R E H N U E E D A A G P
V E B E G N E L L A H C C M Z B Q P
K T W C W M X G M C J R B O E T H G
K A I A R H F S K S E L U R K N Z T
R C P L A T F O R M E R E A G W T U
```

ACHIEVEMENT   ENDGAME   RULES

BOARD   FUN   SCORE

CAPTURE   GAMBLE   SIMULATION

CARDS   MULTIPLAYER   STRATEGY

CHALLENGE   PAWN   TACTICS

CHECKMATE   PLATFORMER   TEAM

COMPETITION   POINTS   VICTORY

COOPERATIVE   POWER UP

COMPUTERS

```
I Z Y N E V F F I I X F G L N X N G
K M M O N R I D S C I H P A R G Y J
A R U H T T E Y P R V H V Q L I R W
K J N E K L V H E P W M Y J V H O Q
J U U O K B O W D S B N Y C F L M T
B E S D I U A Z Z H A R D W A R E O
V N R X G L F O T N R B L P W Q M T
L G N I L I P M O C E I A O V J C X
M S B D C L U A I D E M I T L U M Q
K S Z V K V G S O W M J Q K A W W Y
E E P N Z X K C K H A U N S B D L W
B B Y D E L N P E R I P H E R A L S
V V M B K T Y B E N L V A D O B K A
P Z O R O T I N O M E N F Y W I D O
D E U A J A N S J Y M K N T S E P K
V V S B L A R A B D B R Z W E A K R
U W E B C A M D I E Y Q C T R Z X K
Q U A S O D B L N H W G K E E I L U
```

BROWSER	FIREWALL	MOUSE
CODE	GRAPHICS	MULTIMEDIA
COMPILING	HARDWARE	PERIPHERALS
DATABASE	KEYBOARD	SCANNER
DESKTOP	MEMORY	WEBCAM
EMAIL	MONITOR	WEBSITE

Solution at page : 130

TELEVISION

```
D S J A E F B I Q N K D J D W Z A T
H O V E J F E T W W N E D O S I P E
W Q C S S N E W S A N C H O R R R E
Y J N U L Y V J W Y A S G M N V C Y
A T M Y M O G X P O K Q E H S F O R
X N U T M E R E A L I T Y E E T M Q
M I T I A V N M A H E M J I R V M Y
W F T E L T I T B U S C L G J S E P
V X G S N B R O A D C A S T E H R R
C E E I A N F N Z R J Q T I H O C G
E Q N V K K A I V K Y D R U G W I Y
A G U E S A Q A I X V E E R V P A B
R X Q L I G Y Z E J S Z A B Q Q L B
D P A E L B A C W W A M M K T M S C
X J L T I E N T E R T A I N M E N T
E W Y I L U M Q R C Y P N T C B L E
K Z A D V E R T I S I N G Y P E Q X
B W O H S E M A G A B U K W P Y V T
```

ADVERTISING	EPISODE	STREAMING
ANTENNA	GAME SHOW	SUBTITLE
BROADCAST	LIVE	TALK SHOW
CABLE	NEWS ANCHOR	TELEVISE
COMMERCIAL	PROGRAM	TV SHOW
DOCUMENTARY	REALITY	VIEWER
ENTERTAINMENT	SERIES	

Solution at page : 130

BUILDINGS

```
H C L U L J P S M Q D A B N C Z N L
W H G R M P R Y U G H E I U V N O V
C L E C A L A P C C D L T A M N I Z
O H N H N Q B Y A O N E S L A A T H
F M I A T L V S U R C V U N R U A V
R C I M O K T R U R O A A Q B L V F
P L Z B N L S G L I T T I I L S O E
Z Y B E E E K P A D T O H W E C N N
V Y H R O I Y T A O A R A Q H O E P
H C R O P Y S F C R G Y W W F N R D
V O V K T X C A H M E U U E O C L C
Q V U A P A R T M E N T O T I R F V
K P N S D R A D L W F Y S D D E J H
F L L N E B P L A S T E R E U T C E
G J F T J M E T E I M X A M T E B T
K M H S A S R K O I O Y E C S M P T
A O P Q L A O A L J D Q J H O H Y Q
I O V Y D V A M S Q S K A G A E L I
```

APARTMENT	ELEVATOR	PLASTER
CASTLE	HALLWAY	PORCH
CHAMBER	HOUSE	RENOVATION
CHIMNEY	LIMESTONE	SKYSCRAPER
CONCRETE	LOBBY	STUDIO
CORRIDOR	MARBLE	TERRACOTTA
COTTAGE	PALACE	

Solution at page : 131

BEVERAGES

```
T J X K U E K C N O U R I S H I N G
E C R V D A F O P B E D M A Y G S L
K I K Z M H P V B E P P I L D C C Y
P A M G B B H C B I H R B E R O E D
B F D I L H L A O Y M B B M A C S J
F X V N P G Q G N F U R C O T K Q A
A R F V F R D B S B F A T N I T U J
F J S I W Q H C M M E E H A N A E L
N R G G N I Y F I X O T E D G I I F
M A R O B E N N L T A O L E Y L E C
U C G R J U I E K L R B T Q Z K O Q
F O A A Y J C J S W Y U F H Z N J K
W Z F T C J E Z H A O H S I I U F P
V F X I Y J D Z A T L B W Y F E U P
G M R N C U T D K E B G R T K F G D
S B B G B D E N E R G I Z I N G F W
A Z E E L B A K N I R D T L L P F B
I N C K Y Q S W U E H N O W L A Q V
```

BEER	ENERGIZING	NOURISHING
BUBBLY	FIZZY	SMOOTHIE
CITRUSY	HYDRATING	SODA
COCKTAIL	ICED TEA	WATER
COFFEE	INVIGORATING	WINE
DETOXIFYING	LEMONADE	
DRINKABLE	MILKSHAKE	

MYTHOLOGY

```
C F A O D J Y K G C T V H S B H C R
B G M B G U I M T J H P E T X K U X
M V B M N N B D Z K H A R R O T Z Z
U O R A C L E M Q T G N O K Q E U K
H R P I W I O V Y U P T A S U A L W
I I W Z T N E M T N A H C N E U P D
A T H Y C K S A J N Y E S W S D Q A
P U C C N M D I D Q D O U Z T G F U
Q A O H C Q I Y M M V N P R G F E N
I L R X X H V M B M W X E M K O Z V
E P I C T G I J N Q O L R G Z L E U
B H S T H E N S G W B R S A E K K I
Z T L N O E I T P A P W T D Y L J H
I G O M E I T J F O Y E I A R O C K
M B D S P M Y Y F E W N T D L R K G
K M E T A M O R P H O S I S F E M T
Y U V G K U Y N Q E P R O P H E C Y
G X N L L E H R A C S S N M W G X T
```

ARCHETYPES	FOLKLORE	ORACLE
CHAOS	HERO	PANTHEON
DEITY	IMMORTAL	PROPHECY
DIVINITY	LEGEND	QUEST
ENCHANTMENT	METAMORPHOSIS	RITUAL
EPIC	MYTH	SUPERSTITION
FABLE	OMENS	

101

Solution at page : 131

CONSTELLATIONS

```
M K X R O R M S Q P V O P D S E I C
T X X F O N C O X Y G N W G W C P X
Y F L P G Y W A P T B S A C H D E C
G F C M E V G V S J C Q T G E U R I
Y L R Z O D I A C S E N T S T W S V
A I L M V L O R V Q I C C L P A E S
T Q T S A J C M G P E O Q K Z S U T
O K U R S A M A J O R C P Q J I S N
I H T L V U Q I O P O V C E R C D S
F S H F V X M U I D Q G G A I Q T K
A Y M U B Z G U A K O M T C R A B S
L Q E Y X E S B N R O T Y T U I C M
R U U L M O S A N C I Q M R S H N B
R O B I H W R I A G O U U M O K O A
R R N Q L Y D R A P T S S R Z P C C
I I M N L A D S Y G S J M G X X Z J
U O Q U D C P R M A J J O U A Q V V
A N D R O M E D A B N B K P Y O D C
```

ANDROMEDA	DRACO	SAGITTARIUS
AQUARIUS	GEMINI	SCORPIUS
AQUILA	HYDRA	TAURUS
ASTRAL	LYRA	URSA MAJOR
CARINA	ORION	VIRGO
CASSIOPEIA	PERSEUS	ZODIAC

Solution at page : 131

OCEANS

```
N N U D B S H I P W R E C K V S W B
S E A G R A S S R G R V P B E A C H
F E K W L H L C K O L T W S U L U I
U Z V D U E L G H Y H G H U R T S R
B A S A S C Y S A U L C T O B W H D
J S K F W H A L E E V F N I C A A H
U U E T A E T V G R R O W A D T R T
H B K A S R O Y C U C G T P B E K J
T B U U F A L I S S H A R B O R S T
T W T J Z L L P W A Y L A G O O N N
Z Y R G U S O W Z E V E W J U P Y T
A P O C E A N O G R A P H Y U E A M
J K S U L L O M R T F I A Z T O R B
N Z Z X C I V V D Z P H C V B Y U P
X B Z X Q N O E N U V C D L P U D M
S N A F Z I F G A W Z R I X U N Z P
J Y U W J T W T S U N A M I L E B B
C D X T D Y W I H S S I G C C Q Y P
```

ALGAE	OCEANOGRAPHY	SHARKS
ANCHOR	SAILBOAT	SHIPWRECK
ARCHIPELAGO	SALINITY	SURF
ATOLL	SALTWATER	TIDES
BEACH	SAND	TREASURE
HARBOR	SEAFLOOR	TSUNAMI
LAGOON	SEAGRASS	WAVES
MOLLUSK	SEASHORE	WHALE

Solution at page : 132

ART SUPPLIES

```
B R B K Z F N X R N E E G E E U C A
Y X G V Z B I I C X O Q V V U A N O
P B A C R Y L I C S O M K C N O S G
C Q P H D G G V Y C P K H V P P V B
Q S B A W I Y G L S V S A K A R S O
C G O R N V R A L C T S Z I S S T Z
R I V C X F Y I J F S E N N T L V L
O T P O L K O R K G X T L R E E S O
K B G A P P S B I R B T A H L X K R
Q L Y L M A M R Z R A E Q K S D E Z
B C Q C U I O U U L S L I C N E T S
W M A R K E R S N Z E A G N D T C Q
A F U A V D H H Q C Z P A M X F H L
M R N Y D E P O X Y R E S I N G B C
O N B O S L E S A E Z C O L I J O R
L P E N C I L S E K I G W Z V N O W
P Z I S Y C Q W R F K B C H A L K I
Q C G B F C W A T E R C O L O R S Y
```

ACRYLICS	EASELS	PALETTES
AIRBRUSH	EPOXY RESIN	PASTELS
CANVAS	GLUE	PENCILS
CHALK	INK	SKETCHBOOKS
CHARCOAL	MARKERS	STENCILS
CLAY	OILS	WATERCOLORS
CRAYONS	PAINTBRUSHES	

Solution at page : 132

SPICES

```
T T M I Q S Q Z Y O U V C W R S R X
C A R D A M O M E G K T P W P E H R
P M H P T Y C P O I S R Q C F V E H
I P V K X Y H N G N Q E N O N O G H
Z O W P E E I R A G A F I P J L F Q
E D C L E M L G P E L G T A X C B D
T M I R U P I J K R Y I E P I U B F
S H N C R T P F L O R A L R C T X A
M G N D E G O E W M E G E I O T D F
Y Y A T D D W U R A J M G K S E V U
K M M V N H D B X Y R N A A A A H Z
X W O J A A E I M U T M U R F R B L
G Q N X I X R G T H H K T Q F G T J
W Y K J R B Y G Y I J H M L R F F E
G S F R O S E M A R Y F E J O W T W
L G R O C S E I X R N C G B N E B I
N R J P O V L A D G F F B M R E B C
B U M W X P G W R T A U G J A D V S
```

BASIL	EARTHY	PEPPERY
CARDAMOM	FLORAL	ROSEMARY
CHILI POWDER	FRAGRANT	SAFFRON
CINNAMON	GINGER	THYME
CLOVES	NUTMEG	TURMERIC
CORIANDER	OREGANO	WARM
CUMIN	PAPRIKA	

Solution at page : 132

PLANETS

```
B D S U N O G A N E E L E G M U A W
Y J X X I W K V H G N C R V U Z V K
G H Q U X J C F P F R U N R I G V F
F S K N P T M G J U P I T E R H Y G
R I E I S J E O L R I V N P F M J T
B O A Z V S R T O A R X E G E Z Z E
H L T Q B O C I U N N A J V S N R R
B Y W A X A U V B U I M A I O W D R
S L R X T L R Z P S G J M U L G I E
X W B H X I Y A B S A M A A A G I S
Y X W W W E O W V N S Z Y O R B I T
S A T U R N P N M J G S D Q S S X R
O L Z A K W T A Z V I U N D Y I L I
I V V P R O T O P L A N E T S X J A
M U A D T R N Z T I N E A R T H Y L
G R E D P L A N E T T V P X E T K D
D B A F X D E W X A I S N B M R C T
P A Q W X L S M B R K C S G P K X H
```

ALIEN WORLD	MOON	ROTATION
EARTH	NEPTUNE	SATURN
GAS GIANT	ORBIT	SOLAR SYSTEM
JUPITER	PROTOPLANET	TERRESTRIAL
MARS	RED PLANET	URANUS
MERCURY	RINGS	VENUS

Solutions

ANIMALS

```
L C D I X V D S G H D B F H M U A X
S H N O C T U R N A L B A A R B J R
Y Y T X D O M E S T I C A T E D C O
R E T I M J A D J O T X L X P A R Y
R N N O B D M I O R C Y S Y T D U Y
K A N D T B M F K S Z H G M I J N A
S E O R A O A N U G O R I L L A O Y
V N V I S N L R T W O P R P E A I S
J O C B I X G A C G L Y A K M S T Q
O O Z K T Q I E S O O M F J F U A Z
N C A R N I V O R E G I F A Y R N J
D C P A R A S I T E Y G E P O L R K
Q A V F Y C N T G A D R Q W M A E S
J R U M E L D B H Y A A O T K W B E
F K K Q P N P R E D A T O R I R I K
T F I M M K S M N A F I D T Z G H M
X N Q J Z Q K C A E C O S Y S T E M
D M Q A M P H I B I A N V N L Y F R
```

COLORS

```
D X D Z F C A J V G U B Z B P N X H
U Y X D R T E L O I V S R V A L C B
E O A N E U R C T C V H Z S L O J G
H P O T O R A N G E L A G R Q C M L
E P I N K Q M E F Q R X I R R U O I
Y H W B L U E E L C A U U F L D J K
W N K X Y O M R A X X K S L E M R O
Q Q B B E I G E J U D X I T M A R L
S H Q E L S P P D R V W E A A R I V
C E R U L E A N B Q U T N G U O H T
T U K D O P G E H H U M N Y V O L E
K I G R W B R O W N Z M A G E N T A
U D G C L U E U F O O D I R N T O L
Z H P O W E E X P B P B L A C K D I
I U O G I D N I R T K L Y Y S C E C
V Q M D V Y O M U R T C E P S V O A
Z N F M Q V V L C T X F A Y T R C L
E C L G P M E Q D K B F J F A C J U
```

FRUITS

```
V Y Y G W K R L K N S M J D C S P N
S Y A U X A P R I C O T W I M D X A
P U R B T R P I M R R M K F I X D U
B S O N Y O V E R R I P E J S H Z S
L M B E H M X C P U T N Q L V P A E
K Q O C U A G X V I S S W T T C H E
U O A T N T P I N E A P P L E Y R D
X E N A S I I U Q G O K O J E B X Q
P R N R R C T C L N T G Q B W A E D
U A L I Q Q S T F P N E A I S S Z E
B P Z N W U Y T N A D I X O I T N A
B I U E J I A O M J W W Y R A E A U
G I Q S O N K T D Y O C B C X M N I
G J S X M C L C R A S D L L A W S A
V G X N Y E E R S T C L X J U I C E
R S H W A T E R M E L O N Q W K V A
F W W R C H P N D B F Y V I Q U X U
Z E R O C N Y H E O D F T A X I R A
```

VEGETABLES

```
T A P G N S S Z U A I L L U T C T C
L O U I A I L O C C O R B Y W A F Y
N R M E L S B L J E E W Y Q O U D E
W H P A N W W C C P L B D X O L O A
A C K O T P M L P U A E I H U I U P
G A I E D O J E V U C R R F N F K D
F N N J V W P Q O V X U H Y G L P F
O I X S H L K O Z E Q T M L C O O Z
J P B O L R W Z T G L X A B T W M A
I S K E Q C A B B A G E M K E E E F
D Y B Y R A O U E N T S C W W R Y U
E T K S C R N H B O S O Y X T O D T
P X N C U R Z U S E A S O N A L L H
D Q L P V O O Z C I N A G R O C Y F
P T P P H T C L V M D G G F J L A D
F J U D V J E G G P L A N T I D O M
C L T D Y U U I O Z Z H R F A J D I
E A Y G Z O S J Q I U K F L L B V Z
```

SPORTS

```
E G S T L B M M G R G X R G A B M Q
I B D W X S P O R T S M A N S H I P
L V Z W R E S T L I N G S I Y Y B X
S N O W B O A R D I N G L M W S E S
M O K A R A T E E I D O C M B W N V
T E A M W O R K L Q L L G I A A P D
B M H L Z E G C F S A F I W S G V X
U A T O D O Y Y H S N L J S K G J E
N T S O C C E R M E E R E F E R H P
Y H M E E K Y F A N R H F J T A C U
J L S N B S E J R T A Y O U B N P L
L E R D M A V Y A I L S O A A I R Q
K T K U Z H L C T F L K T G L M B B
N I H R O N Z L H V G Y B I L A Y E
A C N A B A T T O W X U A L C T R R
R S W N X H C T N Y A H L I Q S K H
R F C C G B M Q L O W H L T Q D I K
F F L E X I B I L I T Y N Y G N P K
```

OCCUPATIONS

```
F C N P A R C H I T E C T H G G F E
N N O I N U Y N S J O Z O R R K S A
Y O V N M A N A G E R W E E K A D L
O I N T N I V T Q E K R N F L P E C
R S U E O C J H S X U G Z A X U C O
T S E R J A E U W L I B R A R I A N
J E C N Z R M X F S K Y F J F D L S
E F U S R E C N E I R E P X E O P U
S O R H F E S D H C D U C Z W C K L
U R Y I Z R A C C O U N T A N T R T
P P R P L O C O I Z J T L G R O O I
U I E D M M T R R E Z M I V K R W N
N Z E M P L O Y M E N T W V R P S G
R E N V U A R T I S T T X J E L W T
N A I C I R T C E L E Q I K W G Z U
Y C G X J N S R C K Z K Z S O M Q O
X E N T R E P R E N E U R Y T G S G
K T E A C H E R X X Z S P T B H D F
```

THE HUMAN BODY

```
X S O B K D Q B G F U I K F X X Z R
M C N I B M O D R A Q U M T Z V I L
D X V A N K L E C J C P Q Q D P X W
E T D T J B D R B Y O Q B N G D Z G
T L R L V L N A C E S O P H A G U S
T U B A U A D P E A R C Z Y S L J Z
F E N O C A D N R H A N D H T J W M
V I H V W H K G D T I W E H S B V C
J S G N U L E T F U M O B A A W F R
N N E M O D B A A O Y M E G P U N U
T S Y O X H E U H M T R W W Q V G B
Y R E K T C E C H Y C F T R J A H D
V E U L I G A M E N T S H R T B H K
U G H C C M E B A O K S R A F K A Z
P N P Q O S W P H F Y R O O U C K X
Z I B T Z Z U O F O O R O V H Q I X
C F S S N M B M M O H Y Z H N G D K
J D P V A E S H B T O N G U E N L T
```

FLOWERS

```
C E T L R P I L U T R F R G X W X R
F L G K O O L A S P K M D S B B E Q
H E Z B G F S V A K L L X G T W Y E
H G U B B Q G E N I M S A J O N S B
F F D L C A R N A T I O N L A W J Y
X Y R L S J A D B X N N F T H V P S
R P E A A P V E Y O Q N O F V Z T N
K D E F G J E R I R U B L U B A Z A
L J P T C R T T Y S U Q J R M M S P
N A E W U T A H A Y T Z U E Z L D E
J L M G X N C N P L L E N E D R A G
Y M O L I F I R C P T I M S T Y I Q
I K O L O X V A I E N F L O R I S T
W I L D F L O W E R S O I Y Z L Y I
F O B D J G K F Q A D S A D Z I H X
P L V Y G M Y C Y J K B Q A X S H O
E D P H I W L E O C X M Q K K X N R
L C S K R Z H O N E Y S U C K L E K
```

MUSICAL INSTRUMENTS

```
D Y O E X W P T H A R M O N I C A P
B E U N H Z E M F F N S W M B Z D T
U U E I Q P L B I X S S T B D E I N
L C K R M P I A N O W U R R U E K Y
W O B U E U K N J V M S O C Q U B C
R A R O L X D J I G E T M M X L N S
W T A B Q E C O N T R A B A S S D Q
Z T D M T R L B C I R I O N B E Z Y
J H Z A G I G E Y Z B N N D N M I P
I V S T N T M I F L U T E O Q R C D
E H S N J N C B A A J G H L J W G E
I F R E T B O A R D U P O I Q M U H
L S A X O P H O N E O X A N P B I Q
I J K H Y I V I B R A T O T G R T R
Z Y V U C O A C C O R D I O N E A M
X S V Z A D C I T S U O C A Y V R T
E N Y C W I M O U T H P I E C E G F
C P R K D Y F D S H R J X I N R R B
```

HOT AIR BALLOON

```
P V Z D P X C X R A E G H Q W N Z J
X J Y Z G H K F F T P R C Z Z R G M
B Z G N I D N A L N M A E R P X B Q
V P L L A O P T I A C S G P P N C G
P P I R O S V H G L M C D U R B A N
A U P L X A A H H M E E R G U S T B
X P L M O Z D O T T Z N O Y V A A Z
T A K E B T R T S J L D P A K E K V
B U R N E R I A A W U I L J E R E C
K O I A K F F I E P A V I W C I O T
K J T P B S T R Z F E T N C H A F M
U X R O L I C L E N P S E L E L F S
V W Q R Y E M A D P O O Z L O C X Z
Z S Z P S I S K P B L G B A H M X Z
W C U A W I X A O M E C T B C F Y B
D N H I K X Y S T I V I C I L C P R
P C D E F L A T I O N U Z P R A D H
M U D T A Y K F W G E G M L N X S T
```

WEATHER

```
T Z O G Q U L P L X H G U S T P M S
Q T E M P E R A T U R E P P H V O T
I H U M I D I T Y A R U B H E R J L
Y U A G S U C S G T S A C E R O F X
T N B B Q L R L B M D T U J M I X D
E D W J O J E F G O F P P W O T D Y
B E M U I O G E O S N R X W M F V X
N R D N E E D L T P W E H H E Y A R
Z S U F H N F A C H Q C X P T M A H
W T I X R O P Z N E S I N G E M L R
I O H I E L Z Z I R D P V E R J Y Y
R R W C T C E E V E O I W E G P Q H
K M E N A Y A L I G H T N I N G F P
M G I O M C K T O O F A N C N X Z T
V S G N I C Q F A Z F T S N T D U M
Y Q E A L M U H D O G I R C P J G C
W R B Y C E M M O N S O O N U X B X
B W Z Z W Z M N C E S N O W M D B M
```

CLOTHING

```
J F F U Y A Q V Z O C V K L K Y N Y
O Y X D E M B R O I D E R Y J E U N
C Y U T V R E T A E W S H A K C F L
P Y D U T P A N T S U Q H F H Z A N
X T Y N P S X Y E M H F M O G C W B
Z K X I R F S B C I R B A F E E H C
L I Z C F A N U A T Z K D R E S S E
U I S V J S E R R T E L E C A R B W
U D G X X T A C D E S F S Q R Z S X
D J W Y E E K C I N R L M H R K T X
X N T Z M N E W G S T E G N I R F K
M J M A T E R I A L D P L B N R T L
D H F J O R S M N G S G O O G C T B
G V X J O C A T S F K K V W S K E J
Z J C F I J N W J A C K E T O F K N
A T C N A A V I M B G S S I M V C V
H E P P M E R U A C O R S E T E O S
F J C D Y D D X V R R W O G C U P V
```

110

FOOD

```
N M Z N Y O D I Z X C W D M W V P Q
E H S Y Y Z P I K K G W Z P A Z I J
M U O J M A R I N A T I N G C D H L
D T G R I L L I N G E T T E L E M O
B P A K P G C W J F R E S S S S O S
M A I N C O U R S E O E A X A O N O
D X C M Z U I C Z W E U D L U A U D
K B B O G R I I B H D L A I C N U P
G A J Z N M T S C Q T D C K E F V V
Q U X T S E E Q I U Y E E R T N E G
V L V R P T S A F N O O D L E S T H
F P B P V C E D T B E F L A V O R G
B U A U X L E A E B H S W C G B E E
I M H S B K M C M X A P B Y O H S D
S L S I T H D R T I J L T D Z T S Q
U Z D C P A T K R B N Y L S T K E Q
A E E R Z V F Q B L V G A S P Z D P
H U P J I R V I Y M M F E Q B U S Y
```

INSECTS

```
J C B F T S Y P I I L N N N O E X V
N I B F E G C T A R A N T U L A P S
D B A G W R A S M M L H E X Y M U C
B E C W I A M H O V W I R P O O C L
O Q N Y H S O L S R A O M A N T I S
D G Y L M S U C Q R S R I I R H S P
V U Z F F H F P U T P O T M D S T R
Z B U N C O L K I S V I E Z O Z P S
G Y F O A P A N T U H I V E F A P J
M D V G T P G D O C R I C K E T C N
O A C A E E E E X O S K E L E T O N
L L N R R R E Q K L I S P F N O C O
Q I M D P E W C E M V O T R C T K I
T C N N I R D A C Y L K P O Z Q R P
G T J O L B V I P I N J C F E I O R
I F M S L R L Q P T K R G X P B A O
A A P T A B S E D S W A R M V X C C
R S G L R D S X F F G I O O U F H S
```

SEA CREATURES

```
Q Z M B N P T R E Z B A K N U K Z H
C M R W F O E U S C P I G G G Q D X
G J L C Z U T E N N M F B M Q L M G
S E E D R C A K O C T O P U S P X V
K L U R Z G A K N E K X S K W I M G
J L P I U A N S N A O Z F Q E N S D
Q Y O L C B O T W C L D F Y B C Z L
A F L B H H A V D O L P H I N E N C
C I L I S C I B U E R Y G A N R X K
E S A P L T O D S D S D U E G S C O
I H C E Y J E R W V P T F L V N U I
O Y S T E R O R A B I S U I R B X C
I W Q J R H V D D L X N V N S X G G
U E T M A P S G U M G T Q Y A H L L
P J L E Y B G S Q U I D Q W J L E R
C F S T A R F I S H L S X B P Y G N
N W Z F M E W V D B L O W H O L E A
K F K O U M P U Q Q S K K S O U M N
```

TRANSPORTATION

```
K F F Q F V Y E Y Q X V U O N A G C
E S H P A S S E N G E R K E L D H U
E B D S R X X A N T R A I N Q R M V
D B C W Q F Y I U H R R P O U A D O
S Z W X Z S T A G E C O A C H O B T
J K Q X A U F W Z Y U P Y B B E D A
A C W W M R F J E E Q F R R P E G A
E Z Y M A A C Q L R E E C U I T R L
Y Q O A V G H S E U T R U C K A P T
Y C K S X A O T G O R A F S A K U R
P A S E A Q P N O Z O B O U Y S Z B
X N M O T O R C Y C L E S B A H P C
I O R A C J S Q X A L E N M K W X K
A E L I M O U S I N E N B A T H B A
V E L C I H E V W U Y M B R M K H Q
Z E W G V C I D W C B I G I C F Q D
H S U U A D X H S Z U W W N L V P G
W F Q K F R Q C I R S J F E R Y U Y
```

TOOLS

```
I E L T R O W E L S L R V O O D B T
B L T O X B G W A S N I A H C M T H
A C R O W B A R O E E J A E F J Z C
B I X L N L D E Z R L V Y X A M X G
Y X J B T A G N Y L K H O K X T N T
E A B O S G E C H C W B L E M U D F
P L H X B C T H S M L S E Y H K U F
G Z H J I G S A W A E A K N O V N K
D A R O U T E R R V N N M L C T G T
E B U M D F N E E L M D D P F H L L
M D Z Y L T C M K I B P E W S H Q Y
J A F X E Q W M H W L A D R I L L S
D I Z L V T D A T T T P X L P C Z R
W S W R E R V H V I S E R H U E N T
F I N W L S C R E W D R I V E R G Y
O S I V A F I Q I R H Y W B V K I I
F T E P A A V H O U F J N L G B E Q
N G I B R R B I C E K I X D S J W Z
```

SHAPES

```
L R E T E M I R E P F B W F X B O F
K R H G D D Z N A R O G U E U J C E
T C L O U Z I E Q U I L A T E R A L
L O D S M O U X R S B K E W E O P G
N N E H R B I N T E R S E C T I O N
L C L Z N L U E W C U B T S R K Y A
Q A C G L I S S U T U A L P L G G I
P V R W D Q Y R B O N O J H F I E R
U E I E I U V O Z G H S S E F R O T
M S C R A E N I L I T C E R Q T M X
P C H U G S L E T E Q N G E A H E Y
K H Z Q O V A L J C O X Q I W B T B
K S G K N L P Z I C Y L I N D E R Z
D O C T A G O N R P N Q M O E W I U
E O B R L U R I H K S F A D Q S C D
P T I B F K Z M T B H E X A G O N H
A P A R A L L E L O G R A M D H X Q
S Q U A R E N C E G D L U U H K B K
```

MYTHICAL CREATURES

```
N N C A W Q Z M E R M A I D F G D Q
F S E V S X U U N S N N K H D Z O P
F S H I J G A L O X I N E O H P B B
U S U S A G E P E S A S Q U A T C H
J J N M K C R S K H M V E N I X B A
A S T T R U K I T R P A K I J W I X
V H I S A S T A F O A D D C W U S X
W D K T F A I R Y F N K Y O L I G A
T V N H K V J P I Z I E E R Q B E X
E E M M E S P E N W M N T N W V Z A
C Y C L O P S T O L I Y P R A H Q X
K H L Z G H Q U O N N M L I O J Y V
E S I E R I R S Y Y O P X B I L H V
J D X M E N W G R U T H E R B U L E
B N C Q E X Z A D R A G O N H U O B
S D L E P R E C H A U N U J A P M T
W B E E H R A Q R E R R O U D C Y Z
P F W I X A B M H I L T B X Q E R Y
```

EMOTIONS

```
T B O I D G R A T I T U D E H K T V
G H B E M H A D M I R A T I O N H N
S A C O N T E N T M E N T M P A R I
E P C V T V Y T I N E R E S E O A W
X P Y X Y O D O H M G F W A E T I O
C I O A J S N F E X O W U M N Y R C
U N W E Q K O T R F P U M P T O O W
W E C O N F I D E N T J C I H B H X
Z S B I V C T A L G I E S C U F P P
B S D N X Y A Y M R M O M S S R U C
K V C E B S P Z Y U I W P P I A E B
N D A G L A I R Q R S P E D A L A W
T E H J O T C Q U B M E E K S T B V
P C H O V S I C X L L A M H M R H B
C A F F E C T I O N Z D L E H U T Y
X D C Z X E N K N J X V I G N S O T
I N S P I R A T I O N L X O B T Z Y
U Z F O U Q J O C O M P A S S I O N
```

ARCHITECTURE

```
C M Z V Y M I B H F B N G Y C J M Y
Z Y S B G O C M W E L T L S S D E D
J J A D O M E C C O U R T Y A R D V
H N M U L O C G M Z E G F D A T A Z
D I P G F D Z P F W P X W E I C R H
O Q P N K U C O T J R K C S S S T F
C A I U B L S X B V I K V I L M S E
O E N R C A F M E E N Y X G I Q U S
Q Q G B P R O P O R T I O N L J L Z
O R N A M E N T A T I O N E D M A G
J D I N V O U W Q I B F F D U D B A
F O D I S T A I R C A S E K F G E Q
N U L S T E R N I A L T D J Q K B L
R L I M Y R C D Q L C H A Z X E A R
N K U W L R H O Z I O S C T O N R K
C B B E E A S W A T N N A Z M B K M
Y J O T N C S D V Y Y B F H K J N T
U S Y M M E T R Y T N B O F W Z A Z
```

RIVERS

```
Z N K T W C Q W W X K L O E I T M E
Y H M A G Y I H S T R E A M P S P N
S J Z S K R A P I D S N L R H K X I
Z Q D E W J K Q D R V N A I Z A M R
A A E D G W P V U D X A I V H T E A
T R T I B S E O B F D H V E E L A U
C D A M E E C T M X M C U R R E N T
E X H E P R A R L E E R L B O D D S
L G S N E P P P W A C V F A S W E E
K L R T Z H H I C A N Y O N I C R T
P M A O R O Q W H P E D Y K O O R B
T W M F G E G D G I U C K Z N P L R
E O H S R H Y D R O L O G Y W Y E I
I B X V V E B T I A F F B K V X C D
N A V I G A T I O N N R W K Q S Q G
B F L O O D G A T E O X W H T R P E
A E Z R R R Z N W A C X J F K Y I W
J O T N C W L H G F O G E A O B K E
```

PETS

```
X S R G L H O V V B O I G L Y D L W
X S G F P C C H E W T O Y S R X I O
E I G D V E N C A T N N H J A D T A
N K G E F T R O N E E J E C N O T I
P W R F W A Q L G B I R D C A G E A
R J A L E R N L Y E D S I I C N R B
A E X E L C Q A L Q N B O N C Y B T
O J T A Q U A R I U M C A Q A G O C
E H Q S W F E R R E T B J Q M R X H
F S G H M A N U R V W D B L R E Y I
G G F O S A J K O I P S X A L L V N
L O R X G O H E G D E H P O X O A C
W L E O Z N K U D L F R Y G A A I H
C D S F O A P C B L A Y T H H J L I
F F B K H M I B E L Q G U Z Z C X L
K I C Z Q C I O R G P I T P K I C L
W S P H O K X N P B P C V Q Y P K A
B H H S G Y R B G X Y C E S R W W I
```

MOUNTAINS

```
K X T J M S B K B J Z V M V P R E F
E X P E D I T I O N T M B R W N B U
C Y R V S V U R G R F V Y X J T G S
D G E G P A N M P C J C P F E E S B
G I I R P D D O H I K I N G E P I N
H P C V P T R U T G W Z F N L C I O
Q G A V A L A N C H E L U I E L N V
M Q L G P L A T E A U L B B V I N M
T R G V O L C A N O P R O M A F W E
D D U C S Y L I A F Z U S I T F E I
P V S R F T Y N V E L L Z L I T A W
X C H A I C G E R D H W N C O O T H
D Z B T R F N E E V P E A K N P H C
F T U E X I I R L P N N L W V N E F
C D R R I I I R S T B P V A D R K
E C M X W N K N I O E F I L D L I W
D R A N G E S G N K W P N K N R N K
I O U G W T Q K V A L L E Y Q U G R
```

113

PARKS

```
Y E V N E P D F X X E W I F B I G N
D C C R O Q I K G S M R V I R M Q D
U M B O F X D Q E F R I S B E E K V
T K O L F U N H F Z D H S B W D F C
N F J L N M C D X O N S E I D I M K
L A K E R N P F N W U D E R T T O S
A D I R E A J M A R O N R D H A U R
G U E B L T M L Y R R O T W N T S E
L M O L A U P O C N G P S A U I W C
G N Y A X R L E E A Y L G T I O I R
V Y E D A E Y P O N A C N C V N N E
P W Y E T P H R Y L L E I H C U G A
W D T R I Z D Z G P P N N I K N S T
O C Y S O T V Q R B E T P N I T G I
D T J X N Q Y T A C Q N F G A V V O
J D P A K B I G S G D O G P A R K N
L T Z T Q C C Y S F X O F F B B M G
D A J I B H J T H P J P G P R S K Z
```

DESSERTS

```
U E C I P P P S Q Y T K P N Y D H D
W P J D V I B S N M D R I A M V S U
N U T E V W K U L O E N V C A S Y S
O D K Q N A G M T U Y M A E R C F K
Z D E G M D O N U T E M M C S R O R
G I E P E E O T Z H E F W F H U Q K
S N K Z P L B T W W Y R A G M M F C
T G A H C I W D H A T U Y J A P N K
N L C N H C H R T T Q I J X L T W M
G O P O O A C W E E S T R F L I Z C
I F U T C T O I L R M Y Z Z O O H B
V T C F O E O S N I Z P U J W U M M
S E D T L B K R V N A L T L S S A K
C C L F A W I A B G Y O Q I E Y O N
K O F V T Q E S C E Z C R U N C H Y
P A T V E G S F M N V J G N X G I Z
W N H G R T Q C V L A A G T H N E Q
I N B D W M Y W Y F D P X P A S R B
```

SNACKS

```
L R Y J Q J O J F D R S E L Y J U U
L C X G F C W G J Y G J F M W E R S
R K P H V L S Z N N C Q N U T S E X
E L B A L R A X I X L H R P A P J V
R Z B S A J X V J Y U A O M N I S U
N U N I Y T A D O M K E C L G H R R
J E M H T R E A M R F H P U Y C E G
B B T U C E P U V Z F Y O E F V K H
G Y R O V A S X R R O U P G I Y C S
E T U T B L X I D I S A L T Y V A F
S S G E X D R F Z P G P C S M A R Y
C E O T E F Y D I E L I I L M V C T
Y Z Y B M C B D E Q D D Q C G A U G
Z H D O R L Z B B D F A P L Y O W M
U S W I K Y G V A R O E C B I K R C
Y Y F R Z W T B V K R S B W R M I D
J Y K S J H T L M A E N I X T V I N
M O V E N R O A S T E D Q Q V U V C
```

CONDIMENTS

```
P Z T P H Y T Q D U W N Q U J X C S
Q U S O U R S W E E T G I G H H Z R
T A F U O R E A C D U J H R V V U Y
H S R U G J Y U W C Q Y T A C G S M
I I E H A P A N U T T Y X G Z H V M
U F L C S S L U P I C K L E S Z M K
Y O I M T S I G V D D O E N Q Y B T
L I S O B D R A T S U M Y I O U E A
I K H O R S E R A D I S H V G Z U O
S T J E E U P L W T X V P Y N C E L
U S E A S O N I N G U R X M I L D K
B U U Q M R I C H N E S S T H F E I
K Q E N Y T D K K T I Z O M S D M W
S K G I P Q S Y F N N X T H E R B Y
B K N X Z S S Y I Q E H M C R T I R
F B B A V F U H Y E C K K D F P N Q
E D K L O M A Y O N N A I S E G F K
B H N N F T K P Q X R K P Q R F S O
```

MUSIC

```
O W S H Y H O C L F P V R U P F Q V
W F S G P R E M I X E J E E K E O S
X Q C R Q T H D J C R E S C E N D O
J V O O Y E W Y B E F D Z C A C O R
I Y M O D U L A T I O N Q I Z I N C
E D P V T D K L D H R R E R N R X H
T S O E W F U B O S M I G T L T U E
H U S T S B S U N J A Q W E M C O S
G T I J M K N M J Y N F Q M L E G T
I O T A C C A T S E C K L P D L H R
X F I A Q A Y D O L E M Q O E E A A
O R O T K R K S V R S O L O P U R B
R L N E M T D V I E U B I J F D M B
M O I Q P D B Q D A R P E G G I O Q
F W J E R N E G R B O S Q B C Q N G
Q V E Q T U A F Y A H C E X Y H Y G
Y L Q G W O T C C S C I R Y L C Z R
L M O U V S B E G Y S C P H W W V C
```

TECHNOLOGY

```
W I R E L E S S J T U V Z X G W A O
C B R W U Z C S K Q B R K T G F L Z
S A T E L L I T E D K E D Q J K G H
O T E N R E T N I C O D I N G K O Q
K M J Q W S O T S O F T W A R E R N
S R W C C F B I O M E T R I C S I T
E E P Y U Q O A K P R Y Q N O V T W
N N B B S P R U Q U A N T U M X H T
R E C E K I R T K T J H X G P L M U
S W Z R S B I O T E C H N O L O G Y
N A D S Y A F M G R L A T I G I D K
O B W E S P Z A Q R P P U C W R N N
D L V C Z V T T S M A R T P H O N E
U E A U L U V I K L H M W K Z W G T
Q V B R R W H O O Q E B M A R U T W
Q G K I G S H N Z N T E X I M R F O
K A G T Z I A T I E H V A R N V E R
V T T Y I R A E E X Q R R X N G L K
```

CURRENCIES

```
D E T E Q F J L A G P N V G F E U M
P D U X F R O V I P B H T C D G T J
K S I C C O Q C Q Z S N M G L C W
N R C H S I R S Y P X P O J L A C D
C I A A N S Y I D I O T M W M W O R
W A S N O M N F N S W U H V I P N F
W L H G I N F L A T I O N O U O V U
L U L E T D C E E Z R D P D Y O E W
B P E F C N S K U P M O N E T A R Y
Q A S V A L F E L O S L X R B P S S
O W S R S W J H I R T L Z A A R I L
B H F X N Z G S O U Y A I N R H O C
C N A O A V T I I E V R E S E R N I
E E P U R T W N X O C Y Y X K U R A
R G L T T U N I D W S T O C K B F R
M J G J Y M E N I A O E Q Z L L Q H
F U Z X J D H I Z L A R P J T E N G
S W D Q W J Q D Z Z P S X I A B H Z
```

GEMSTONES

```
C V X K W A O V M O O N S T O N E C
Y T L D G S K Z P Y L F A R A F C P
X N W B Q K T Q A O B Q P V X A P F
A A I X B R V Q J M Y A P X N C R W
K I Q E A X C L E J B E H F E E E M
Z L Z U G A O U W M A E I J D T C D
E L Q Z A P O T E R I O R W A E I U
H I V J M M J G L Z A N E C J D O K
J R A B G C A C R R I J I Z Q M U M
O B L C E R K R Y B U R I N X G S U
I J U G M D M M I T T A C P G L A S
T R A N S L U C E N T R O O B R N W
L Z B V T A L X I X E E O L N Q O E
W R L Q O R M M A L A C H I T E E K
Y L E F N E O X R D X O I S Q R R K
P U Y R E M R S O A M E T H Y S T X
A I G S U E C P V D Z V I E Q P L Z
Y T W Y W O G D I A M O N D X A D O
```

115

SPACE

```
E X P L O R A T I O N V N R S B A L
Z W G G M U Q N V X K H X K K L Q C
Q S Z A I K L S U P E R N O V A A I
R T P Y L W X E H J C I M S O C T V
Y G L Q K A A T D G Z W E Q J K E U
I Q E V Y R X I O L R E M E R H R X
T N C Y W E O Y T I V A R G L O K Q
E X T R A T E R R E S T R I A L A S
F G F E Y B M M D C G U C H Z E M R
K G D N R P H D V C E M I G T G M U
T K I Z E S C O S M O L O G Y D M C
J K O E R O T J Y X A O E Q T Q G T
I X R U M J W E P T E L E S C O P E
W D E E T W V L L R A N U L T T G R
A S T R O N A U T L L B S B H I V J
F I S W D N A I T R A M L P E U A W
S T A R E F Y S M E S R E V I N U L
C Z S T M V S P A C E C R A F T P Q
```

LANDSCAPES

```
V P L A I N S S B T R T A Y C J Q N
H U J M U E J D Y P I S L A N D S B
Z A X A O P U W A S O A V F S O I V
T E R R A I N P O L L E B V H S O S
A A U O T C G R A S S L A N D S Y Z
C G S N R T L R P L C J I V U M X Q
F Z T A S U E R C F M F V H J D R I
Q W I P D R S A N D B A R S T N E H
Z X C V Y E B L U O E A Y X N O M T
F D U N E S S T Q O X Y R M E O O Z
J X N E L Q T E H W P O J Y M O T F
O C V R X U R Y R O A U F S N E E Q
E I S R A E C S O T N J F T O Z J Z
H Q R A V I N E S Z S F S H R M H E
X Z R B Z I F D X T I A X Z I C S I
U T T F T T F E Z L V Z Z E V O U F
Y J M G P I F Y C E E Z N W N E Y R
K W R Q M X F B T O Z S Z R E A E Q
```

ZOO

```
A X X M T T H S T U A E D Z A R Z L
D Y L T J T S Q X V G L I O N Y N I
D T N V A Q K A N G A R O O A O V P
O N I H R H M P E A C O C K T M E S
C G E K G A L A O K T Q T E U X Z J
Y I N A S B R Q D R E W V E G Y B A
U A C I U I G B L X C K P P N E I Q
J N L W M T H I E Y H U G E A F O B
Q T O F A A E R B Z I Q P R R E D Q
J P S T T T L V N F M X L I O S I A
R A U M O S E F M S P Y H F N A V Q
O N R Z P K P A R O A B A U L E E C
O D E Q O D H E W K N P Q B D P R C
Z A T X P E A G C R Z K M N H U S L
F A M Q P U N P R I E P E N G U I N
S U S T I U T X B W E U B Y D H T F
B K O P H G N W K J N S H E I D Y K
C J U V B J L U J F Y Z C K W K J Z
```

PLANTS

```
I N W S J R V E V E R G R E E N W I
P L A N T I N G P X S N Z J Q Z O H
S B N S T P Z J A D N W Q S L A A L
W U H X X R S B U R H S C Q C F S J
F S C R Q F C O Y A D V I N E S D B
T H H C Y A Y Q O V X E X R I F R A
E E L Y U E M I L A I N N E R E P R
G S O P D L C A C T U S X I H R B K
C B R S B X E S R F X U T M N Q B G
T S O M K H P N O I S O B O C G U I
K A P O M X S O T W G R C S O F H A
P Z H M I C B B V T A O A S N R Q D
Q S Y U Q A Q B L V O V L H U R R O
N K L H M F T Y A L S I X D K U R H
M W L B I B U U T W Y N U S U C I F
D H O R T I C U L T U R E B H G B U
M O L I F L A N D S C A P I N G V Q
O L L V G O Q R Y U J Z C D W J O O N
```

BAKING

```
Y O W U K S C F K J Z D Q H I Q B Y
M C J M J T B C R I S P Y O G E A C
S S P C C S P X U O N T B Q V Z K R
F R I Q G N I T F I S A J J L E I I
O O U B N I P G E M I T F M Q S N Q
H Z K U I S I H X F W T I P I O G T
V H M X Z I N S E T S P R N X S S T
E A D V A A G B V T H R G F G A O N
O A N I L R B X R X A E V T E M D M
D P P I G Z A Z M G O H J Y M I A P
N V S Y L N G V U G Z E G F B E M O
O B Z H E L B S Z A G A X U R Z E T
Y D E C O R A T I N G T G C O D E F
D T I B U T T E R N L I N G Z D Q A
T H S M K J T V Q W G N I L L O R N
K Q A I K N E A D I N G X B X A F K
K L F L O U R W H I S K I N G B R N
Q Z V K J M P C Q S Q G M P X A G A
```

OUTDOOR ACTIVITIES

```
B A R B E C U E W C F O C R A B Z N
W R R X C A O Q J L I K I A R K L W
M R W R J M S E A L S A Z F K T T V
C G R V X P R Y A X H Y I T M A C F
D N O Z X I B I G S I A P I R E V L
L I K L F N L S E C N K L N L Q J Y
B K L P F G X R X U G I I G C S Z X
U C M M N I F Q N B Z N N W K T L S
S A L R S E N T O A X G I K R A G J
C P E N J O N G A D V E N T U R E Y
Q K H F X S U R F I N G G X D G N U
D C N I L O Z A A V S F S F W A R I
Z A S N O R K E L I N G S I Q Z L H
A B H Z S A I L I N G L Y T D I N U
N N F K P H O T O G R A P H Y N P B
P Y C G R O C K C L I M B I N G J E
U D W H B Y Z F F P N B M D G J A Q
F W M Y S E Z M C H K T F J C D G D
```

INDOOR ACTIVITIES

```
Z Y A D G K H Z B R Q T C X E K B C
L F K B O A R D G A M E S S X N P X
K N V B V K F Y R Y V M J L E R U S
E Z M G N I Z I N A G R O A R E Z O
S K J C R S J C F S W J U V C H Z I
K N L A P P R P K I M I R P I W L T
S N S C R A P B O O K I N G S E E X
Q G I R F I X D Z F F R A G I D S V
N B K T E N I M E M O E L R N M Y A
F S I O T T J B R S Y A I V G Q Q G
F N A M R I I D P K B D N D J Q M O
G O F G Z N N C A L L I G R A P H Y
A K K F B G K G S N A N Z I T Y N M
F Z W K E D W U W W C G D P J O P F
A D V R S O L C O O K I N G L P U H
M R R E D E C O R A T I N G Z V L N
Q E Q P D A C W R I T I N G D F N N
B L B E K U I Q C W U Q N L U K W K
```

OFFICE SUPPLIES

```
R U L E R G S E V Z G K O R O K F G
M E D X N K I W L X P A P E R A I Q
C K T B Y S U L U E K I V S O N L C
F S S N I P H S U P H Y F A H N E B
F C D H I G H L I G H T E R F T F E
B I N D E R T P Y M X Q P E Q U O T
B S O G P C P U F V E I I A H D L O
M S I L R T C A E Y H T Z Q R E D G
Y O N U W H I T E B O A R D N C E K
E R D E Y X I L G C L I P B O A R D
K S E S P Q E T V K E Z W K T L D L
L J X T A F X N P P P V H P E C Y L
P Z C I X T D K D Z U R H C B U B O
J E A C U Z W O N G N S W X O L F H
L H R K S Q Y V R T C T D W O A M F
T Z D R E N E P R A H S A A K T M U
B Y S E I D K U V L A L E P W O C Z
O W Z V G B J G K S T A P L E R V F
```

HOBBIES

```
R O C Q Q G E L Z I B C I F A Z R M
M Z P O V U A M B J N Y K J F V F K
V H L N N D Z M S Q T S C V I S P P
Y K T R A V E L I N G X O C C I V G
U G P Q X C B D G N D F L B I N P M
W R M Y N D Y M I P G H L Y O G U C
Y T I V I T A E R C O Y E X N I L K
T E C A B I N P K D A T C I A N G Q
O N X L M O T O C L S T T D D G I S
X T E P M M O K Y O X P I E O U N H
R H U M R O Y K E P L V N O R B E T
B U X M Y E N G C U H O G Y N Y R M
T S N S N O S C C L Z Y R T E O P P
E I N N Y P J S E R U T A I N I M Q
J A Q V I W W N I M C B Q G N W X N
G S Z B L N G J E O F E L G K G A V
T T S O I A G C W L N O J L C P R U
F W O O D W O R K I N G I L P W E H
```

KITCHEN UTENSILS

```
L T L I O K E C G N L E R I H O E Q
S Q C V G S L O E K Q E U S A I J K
S E S F S E E J V H L H X O C H K Z
P I Z Z A C U T T E R N G S P Q N Z
J R T V O C B R E T N R D A Y D A R
M D E O J U M P M I J M W L V X E R
P R X Z R T H K M I K E I U A D R T
T X S V B T S M D D R R N T N D O S
P U Q K N I F E Z C O H Y A T V L S
Y X G D H N H D S E F L L P Z S L E
D R B W A G L K S N O O P S F P I R
U F K D T B R T I M C W I I R U N P
V F D A Q O R P B V I P C P L C G C
T O J T C A C J G R A T E R L C P I
Q B K O I R Z L O D E N L A X U I L
P I Y N I D Z N B Z F C Q S P Z N R
J F E G Z K N X G B T V D O C M W A
H R W S A L A D S P I N N E R O F G
```

CHEMICAL ELEMENTS

```
L X N L Z N I F E M B F G K U B N M
Y Y P A N Z G S R X U U F M Q R T T
Y H I H N G R S H F E J L U Q O D N
E E N D Y J R Z Y L U N U I P M Y Y
H S I T N D N P K S C E O D X I Y X
O W U Q T O R G M J K O R N A N M C
O D R L B Y T O A V M N I A M E T P
I K Z R Z M V A G T U B N C P G L P
F V A U F M P H N E R O E S O I F O
L C F E U E H B E C N R Q W T P L F
I H F I M V O R S H L S I H A Q R A
H L D O L X S P I D O N I U S Y N B
X O E U Y U P S U L F U R L S K S J
S R C G X L H V M K M X Q I I J Q K
D I E N O R O B W X T E X Q U C P M
N N B N I T R O G E N J U M M R O H
I E H E L I U M H B W W T Y O U O N
M E O Z V F S W K V R D D A X E U F
```

SCIENCE

```
W N C H E H Y P O T H E S I S A Q D
L P C V R O B S E R V A T I O N S A
N S Y Y E F K H B H J Y A C V A N F
Z Z Y F S B B G A M G I K F A L S K
E M T P E L E C H E M I S T R Y O M
H P F U A H X P N T K E X Y I S N I
P C F B R E P Q K H D V L R A I N C
X T Z L C M E G E O L O G Y B S E R
G R S I H P R P U D E L P R L D U O
X Y E C P I I N G O P U T R E J R B
S M R A D R M I N L Q T G E S P O I
H O G T S I E V W O S I R P B Y S O
N T S I U C N J V G C O G U P L C L
L A B O R A T O R Y I N M R K V I O
K N T N H L S E C V S C I T E N E G
X A A S T R O N O M Y E B J Q P N Y
H K K B I X Y M A T H E M A T I C S
E R G Z O J W W N X P F T N F M E W
```

CAMPING GEAR

```
A A G T E C G A N V M Q Y R M E Z S
D B S C O M P A S S I V K U Y H S O
B A C K P A C K L F Q L W K G Q B Z
S V O C M W A T E R F I L T E R X S
H V M H O U M Y E B U G S P R A Y E
R M P B S R P Y P V N H A M M O C K
U F A I Q R A E I V Z T G V N L H F
Q O C N U F X S N B L W E G W A D Z
B L T O I A E R G C A E A D A C O S
B D W C T M E Y B X D I T P H O K G
Z I Q U O T R O A R F G C G H U K B
U N K L N E U Q G E E H L T Z T G R
M G J A E N T M O J G T D E N D B N
H C L R T T T S C J K L L V O U A
U H L S S E N R E D L I W E V O D R
G A I M S I S K U I P X X G H R H E
F I R E S T A R T E R D F Z Z S S S
G R G W U B R B O U I N L R S N P V
```

CARS

```
K C A P C I D F S S X H Q Z S H E X
Q A R Z D D Q I M B L O W H E E L S
G A T C A R K E Y S A Q R E L X G T
J G A S O L I N E B U M K A D Q Q M
S U S P E N S I O N T Z N D G R G V
F K K L Y W V Z U W O B T L E E L X
W I N D S H I E L D M I N I V A N O
A T C A R A L A R M O H H G K R C Y
E A H Y B R I D H T B Z E H P V A Z
N I E X H A U S T P I P E T A I R V
M L N O F D I K U I L B G S G E W M
A L G H T I R E S Y E M L Z T W A F
S I I T C O U P E B M F U E L R S G
W G N H R Y L F W Y J Y Y J N O H W
A H E D F T B U J Q F U A L J H T Y
J T U T R A N S M I S S I O N I I A
T S E A T B E L T V X B K O R J Z D
L E J R Q W S Q L N R M E K T M R P
```

ANCIENT CIVILIZATIONS

```
X G K D W Z K Y K U U A O J T W I T
H O N O H Y E C P K J M I M E N F T
W E G D A C I R E M A O S E M N P H
C W R E U C N G J T V S K L P U M U
K B A M D Q Y H G B N A H O L B B P
X G O O G P E R S I A I S F E I M P
S M E C T R V B U T E C M L S A V P
I C T R T O I R A H C B E A Y Y W H
R A S A Z T E C O B C A S A E T S I
N R U C Y C N J F M Y L O I V H Q L
E T M Y E I H E G U E L P C M D E O
V H E E T A I F J E J I O I L V K S
S A R A R T I F A C T S T N N O C O
S G F A D K N Z R R J T A E G J J P
E E P O Z F A V P V C A M O D J W H
U P A P Y R U S P J B C I H Y N H Y
A T N L Y C K Z E C A T A P U L T M
E J B W Z Z U L Q K X Y T A P W G P
```

BODY SYSTEMS

```
G B N W X X S L O R Y O X S S L M K
C J M Y U L O Z M M V K Q E M S U X
J W M Y M R E P R O D U C T I V E E
B K C C N X Y J M U S C U L A R P X
F Y U R I N A R Y O U U O M P Y W K
Y R O T A L U C R I C B K X A Y N L
T E A C A R D I O V A S C U L A R I
W S Z L Q F K N T T R J B C O L C F
M P L F Y I N T E G U M E N T A R Y
A I C X S G N M R C B T N E K T E P
B R D X E N D O C R I N E B S E Y T
H A J J N H U F X X U V R I R L N N
H T N T S D I G E S T I V E Y E L P
M O J H O R M O N E S O O N L K G D
N R U Z R Y R B N O R X U U O S Q U
C Y B L Y M P H A T I C S M P H G K
M W R I B O D Y S Y S T E M O K Z P
C M J T X C E G L X V E G I E Z V J
```

119

NUMBERS

```
D H X D B X T W E N T Y F I V E B M
X P E R C E N T A G E V S E L Z L Y
O A M L C P H D F H G L L I M N R C
T M W N Q O J Z Y R L E A X H X P N
W Y X D U T Z Y B K V S F M S A B Q
X S L S A O U U C E F M I O I M C Z
P J A A D O V R N N H S K X H C S L
M N I U R Z E R O T R S D R T B E Q
D I U I I X H T I A A E T M T E V D
D U L K L R J R T K D B G U J X E P
B W K L L A A I C M I J G E P P N N
G C U C I G O R A K C D Y R T O T B
H P H C O O B O R S A H T Y I N E A
H Z I L N O N Q F F L F F T U E I W
O B D M J Z A D A N L O A T H N G S
B Z U U I L T B N R F U V U T T H D
U Y S X X M G L U S Q R C O P H T F
N H Z H G O W K W E E R H T J C M O
```

ART

```
M L C A T G R P B Q R Q O Y E A R G
T M H K X C O N T R A S T W Q B O R
S X U E N T M I X E D M E D I A C A
W L S R C E Y R T N I O P S U C O F
F N U C O X A T J D G G Z Z H S C F
A T R R L T H I C S I Q U I E V O I
A P R I L I V B I E T V L L N R C T
E M E T A L W O R K A C C L F E Z I
S X A I G E S Q B O L E A U A N C E
E Y L Q E A X I A R A R J S B A A S
E N I U V R P O R T R A I T K I B G
Q N S E C T Q Q O S T M S R Z S S L
O R M T X V C S Q H H I W A O S T M
S B P R Z Q C S U S N C S T Q A R R
Y R R X P M P G E U C S Y I B N A P
O N L A G N I V A R G N E O C C C G
Q K H Y D I Q Z N B M O X N E E T G
V W S B G X M G S Q M T A A C M F B
```

LANGUAGE

```
O S G H I A O Q P B W Z S B A Q X F
B S S Z D P R O N U N C I A T I O N
O M U L T I L I N G U A L B T E O H
N U T E D L A T I N I K K F C G D S
C V M N T N C L N K J P Q D R K M X
K J P G J Y O E E K O R E A N F A O
D T A L V W M X N C P I J Y W Y N N
E D F I F P H O N E T I C S G E D P
W A Q S R J G P L R K N K W T Z A O
V A Q H E Y I Y E O E Y C M S G R R
P W U H N T B F X U G E R M A N I T
T G V O C A B U L A R Y D I F L N U
S D O E H N E F B A L P H A B E T G
G R A M M A R Q L A E O T H C X G U
S A N S K R I T A O Z E D C U I M E
J A P A N E S E P U N J A B I C P S
S P A N I S H L T O I X E M C O M E
V M V X V T R A N S L A T I O N J Z
```

SPRING

```
I Y A K D B H B L V F R Y K J A I L
O R W E C J X U G U N R E Y Y N B Z
Z E E D Z G E T S V F L F V I L O N
W N Q V P E F T E I J C K A F A T C
F E W M I X E E A S T E R I B M U G
R E U D E V H R N G C Q H Y L J T X
X R B Y U Q A F B R W P Y G O K P P
I G Z I M Y W L T G F V L A S W V D
Z T Y C J J A I H Z K Y O W S P C K
T C W X T S K E X X D I U A O P M S
B U Q Y Y W E S U N W V Z L M D B R
G I O J A O N J Y B Q W L C Z N G E
E X G R E B I R T H W E L D B C T N
W P M X P U N A P G N I T S E N B E
P T N G W S G S U N S H I N E T S W
H S E R F L P O P Y W Y Z P S Q C A
C R U X H A K V B H D A F F O D I L
J T L U J I Z B I V C U O S I R H M
```

120

SUMMER

```
M I R Y X M I J F K K Z I V C Q U E
S I M N L V O V P Q B A S V C C R F
X Y H K M W E M C Y L F E R I F L S
E C F N E C S W I M S U I T C S E U
L D R R K S U N S C R E E N E L Z N
W E V O R K N L C X S I E S C P X B
F D V W A S H W A X I V P I R I Z U
T C Q A P D A E N C M K S N E V P R
D Y K S R J T O A B I P O F A M U N
N Z U M E T I R O T O P Y Z M J U I
F K H B T T F L I P F L O P S Q X C
H L K I A A U S J P C M Y R O V L N
R I S C W V N A A B S I F G T O N S
N B A T N S U N G L A S S E S K L T
Q V I B L Z G D I T C M T Q R A Q D
N V D A M O G A A N H S W T T W G B
S E A S H E L L S W G R T H M K B S
B Y S O I S N S H O R T S F X O Z F
```

FALL

```
Q U F N D A H Y B L T H V H N G D Z
X D T G B O N F I R E O E D P U C P
H P F H X D B E E T R O O T C T N W
Z S L Z A N E D L O G W C L O O C I
E I Y U L N I Q V M D X F H Z X Q C
Q H B X M C K J Y S Q W A O I P N I
K A S T U N T S E H C Y N N N L D D
M R C R L P D F G Z R A V Q E I L L
T V A U L B Z Y W I A X U J S Q B Y
M E R N E S V L D M V M Q S S K D F
P S E I D E Y E A U P I N S I M W P
G T C H W P A P M S N Z N R F W U O
R R R L I T Q A I D M W B G O Q Z T
R T O J N E C R S Q U A S H L C F F
G L W V E M C G B F T F O K I Y W K
U M A W P B S B B T U R P E A B Y E
T O U N E E W O L L A H D F G D B U
G N B S J R L C A S J M G E E Y X C
```

WINTER

```
F D S N O W A N G E L U D E H N S R
W V C H R I S T M A S I C M A W L A
Z K A R S S Q P L B K F L A N N E L
I C R T H K T E K N A L B K O I I I
M Q F O E S I B O N T I X F P Y G R
X F I R E P L A C E I H H X V G H K
H O O S I I C F W W N A M W O N S E
U J M N C K T R T Y G D R O G I N M
V R I O I E Q E E E H R O G L L O J
L V A W C T C E N A T Y T B X G W C
F B W B L I Z Z A R D E S G E G F W
M L W A E B V I C R V M W G M U L T
D H W L C T S N O W B O O T S N A Q
N S Z L C S J G J X Z V N A C S K Q
E G T V E O J Z K F U P S H N I E D
E Q H H F R L Y Q F C L I L H V M P
L A S L N F O D E C E M B E R S K H
J E W R H B Z J V F T Q S Q E A Y D
```

TYPES OF ROCKS

```
T N O I T A C I F I T A R T S F V W
D F B K W Y B W T W A G J H U A A V
G V S Q W U W A T J M F E R J R T C
P S I B J C F S S S V G H R L D T O
S E D I M E N T A R Y A M P J P E Z
I R I J J C S C H I S T P E G E O Q
O P A C O N G L O M E R A T E T F S
Q E N O T S D N A S O P F R O R E L
Y N Q A N D E S I T E T A O D I D I
Y T L I T H O S P H E R E L E F E S
Z I P S B X J M Q T E C T O N I C S
Q N W I S O Q C G S A Z Q G E E R O
B E E P H Q U T C G Y U Y Y G D Y F
M G F V A B A S A L T J T Q B S S F
E Y G O L A R E N I M Y O T G A T C
Y G Q U E G R A N I T E K Z X A A J
Z Z Y Q K G Y P S U M R S K K B L I
H W Z J X Y Y Y X F V O L C A N I S M
```

BIRDS

```
B C W X K R S K G P Z G V O N E C O
E I F A D H O P X Z L O H I A M H G
R K A E B F N W I N G S A H C N I F
N O B L Q Z L Y S W O P H U I A R X
M U T N B T H O A V A E Q M L C P H
G T O P G A Z L C G D D G M E U I Y
C T S U A S T O R K B C S I P O N Y
E K M D O R A R Q D D M P N P T G R
H G M L Q E C R O W F U A G T M J A
D N M S L H T J U S T C R B S S E C
R U Q D E T S A S O S T R I C H X D
W Y C P W A W L L Q C M O R A H P P
D R E K C E P D O O W X W D A K C R
W J A U E F Y C E U N V M B B B P F
P L U M A G E E O X V S O X D Q P R
L O N O G S D T P B B T V E R T S R
V P L Y L G A N A I V A J Y I D O N
T S T K E C M G N I Y L F O Q G C J
```

MAMMALS

```
E A K G K O C K B J Y H D T R S X Y
K N K M O L I V E B I R T H R T E Q
S T G B A P G M U Z Z L E E C X C T
F G Y W P R B A Q B W E K R R U H Z
K H S I C I K M U V E S Q B O O O B
D U U U K M K M M S I N D I D M L P
D E Q T B A F A D H Q H X V E O O W
I K B H L T N L W N H A Y O N K C A
W H L A D E P I B Q K N U R T P A R
I H O S C P L A C E N T A O L A T M
S U O R O V I N M O E L U U V W I B
Q F J O N I A M H D R E Y S J S O L
I P S O V S J R M U J R S N K Z N O
W K P S Q E N V Y Q R S P A I Z B O
N F I Y U E S T E U Z I S I H R F D
I C L I Q J Z T F A N G S H W T I E
T S S V E R T E B R A T E O J O H D
D G M L Y J F R K G Z H G D S I N P
```

REPTILES

```
M T A E G S W M R D H S B S P F J K
K C A D R N K N E J L S N A K E S Y
C L E L O B M P P I P N O F S V S K
G O V Y D A W D T V O X H K Y K X C
C E L A K A V H I E Z C T F Q G T O
V O L D Y C E V L N C A Y A O O T N
R Z V F B R E E I O V I P A R O U S
N M O J M L M O A M N H G T I K R T
M A E C P A O U N A G T O U M T T R
A U L Z H K R O C T L I I U A K L I
X J I C K E L F D E S L V H M N E C
O V D R D R I S H E D D I N G I A T
H D O N A C Z C C S D M F G T U E O
G U C F U R A U V A K U B S A D P R
Y X O G U X R T T M L T E R P T I R
D O R O Q Q D E H E E E O G Y K O Z
B M C C T U L S T O S J S F H I U R
T S A Q N Q L N R G V D K K Y L J R
```

TIME

```
K O R V P T M N S J F N C M N P V Q
O T D V K N J E S C H E D U L I N G
Z E W O K P D T Y W L U S U N V G G
K K T L C A L E N D A R P R J W Q Y
J Q Q F C P A R C S T O P W A T C H
E Z B E M I V U H K W Y E C T E L Q
Q R D T I M E T R A V E L S B Z Y J
H J T E N C C U O Y K X A D N Y F T
Y N H M U L H F N S R U O H P U M N
K W N P T M R Q I E E R E S E M F Y
G H R O E G O Y Z I G C T P G O C B
D H S R S W N X A R S J O V X N J F
D U R A T I O N T U C C M N X T P L
Z A K L V H L L I T H G O T D H I Y
O R Y X C R O P O N A E R M T S I G
S A Q S T H G W N E G I R A W I S G
H N K Z Q U Y J Z C T H O F U G D I
I A P E G E H K F N E K W M Z Y S J
```

122

RESTAURANT

```
S A B P Y Z S G C I R J W G R T L R
Q C V V M O C C U R A Z B Y T U J M
N R E S E R V A T I O N H C M O F B
M C Z X E S S I L V E R W A R E E S
N S N A I R A T E G E V I N B K N W
S O M M E L I E R B U O J D D A X Z
X X A R E H O I Y X J Z E L G T Q D
Z V Y H W N Y J W A I T R E S S D I
R C Z K W H U R Z C Y J H L S C P E
Y G H X D V V E S W A D V I L X T B
T A V E R N Y P B I S F G G A Z P T
H I G H C L A S S N T B E H I O J R
W O R N I K P A N E E U A T C F K A
V Y S O O V X S K L A F S D E O Z P
N E N T A B L E S I K F D G P R T J
W C I N E V Q P O S A E O L S U I Q
U R H W J S F G B T X T R O N V A A
T Z V N I O S U M G N I N I D A E S
```

SCHOOL

```
S H F W D S C H O O L Y A R D N G G
W P Y P H C S B L C M G E V M O P K
R Y H P L T E X T B O O K S J I A O
Z K D D U M C C O F E B U S R T S S
K R N D N T I O L X X F T T U A T L
O H E P C L I B R A R Y D G P U U O
X N S C H O O L B U S L F H Q D D O
T E S T B M E Q Z X E S X H F A Y J
C C U A R Z L N G I U C R R T R G R
I O G L E R X U F Z Y P M O O G R W
N N N M A X E K T D A P R T O O O L
A O I A K P X N L N O S S E L M U O
I M N T U N I F O R M I H P V B P C
H I R C D Q X C X E H O M E W O R K
M C A S F Y Y L N S S M P J H W K E
Y S E O F C L R W I D X J E N J D R
N F L I T E R A T U R E R E C E S S
T K U W B G E O G R A P H Y G W C Y
```

CINEMA

```
B F Z N E G O X Y Z N A W E A B Q E
E B M O B O W P I O F I L M I N G N
K D W I J T A K U D P Z U U K F A V
C S W T B B L O C K B U S T E R O W
L C M C Q S C M M M C L O S E U P F
Q R R A R E M A C P I L E O S E U B
P E P T A M G M Y B T E K C I T E R
J E R R E L I A R T A U A F G A T E
T N T G O Z R R Y Q M Q M I F Q Q H
O P X I X J Z D Y I E E E L F R B E
G L R T M C E D B C N S R M Q M K A
M A K E U P E C E C I F F O X O B R
M Y J K M M F L T S C L S G X K P S
B F D W O I Y D L I O Y C R B C V A
E Z F C I N E M A T O G R A P H Y L
D I R E C T O R U A G N I P Q F X A
M F T H A C T R E S S F P H I L Q L
B Y P Q V D W N Z Q N R T Y L I Q E
```

FAMILY

```
J W C R B F Z V V R S F I L L M S S
K N V H X N A G N I G N I R B P U E
N B G G E V T M U Z T B X B Q L X W
G P H D D W J S I B L I N G S J G R
T N E R D L I H C L M H A F A M I E
G I X S P O U S E D Y Z S A O Q R S
V E Y L S I S T E R J T R T K P E P
Q C N C H E Y Q Z B H N R H F B L O
K E F E A W N X X B H E M E R Y A N
T O S U R O G R A N D P A R E N T S
E M N M I A E H E P U H J S H U I I
E T I Z N T T Q R H N E R B T Y V B
E D S W G T T I W R T W T T O Q E I
Y K U Y V B B R O T H E R M M D S L
P M O L R L N W J N O P G A N X D I
H K C U V W U K K H M T S O I Q W T
A S U J F D U N C L E S B E T B A Y
G J M Q H N D S Y N M I W D N E K Q
```

ADJECTIVES

```
G Y Y O L Q J E T Q E S E K I A N W
P R Q Q M D G Q A L S K Q H M D J S
T N A I D A R Q C L Z R B R A V E F
M G R C G E N E R O U S W Q G E W L
Z E E H I H O N E S T S M W I N G Q
B T S U N O G R A T E F U L N T F C
F A O M D S U V T S J O F L A U U S
I N U O E X C S I T G S X A T R N J
X O R R P R O H V E T P I Y I O N E
Q I C O E W I S E S O A U O V U Y L
B S E U N E O Z D L D F U L E S B B
I S F S D O P T I M I S T I C L P A
N A U A E H X T T N A R B I V T Y I
X P L J N U E X P S G B I O I Z M L
H M X B T A L E N T E D R O N B E
D O E T W R X H H W X H J L V K H R
Y C H A R M I N G C E I C G O V G P
B O N K L U F I T U A E B I S J S U
```

COOKING

```
H G Q Y W S N A P P L M Y G D H D Q
P E S O M A R I N A D E Z J W S T F
B O E O M U I C A R A M E L I Z E G
P Q B V D T T L Y G B H N C P I O Q
K G E T M E C E D Z P N K W H L X A
Q A S T O P M O N Q C V M S U H Y C
J P E I W N Y A U S I I O T L N B N
G B G P M A B R E C I P E Y I Q O J
N R M O U M X O P T T L L Z O F I E
B Q A Z I O E J J Q S P S R R H L B
G N I T S A O R H A D A O W B S I S
S N J H E S V D P C P K F O X I N P
O J I L L G H M S P Z F R Y I N G U
V K H P T U O A W S G W W I M R U W
T L T Z P L A U M T R R O I I A P G
A T H X A O T H J F O L D I N G V V
E R E J R M H D I C I N G C C R K N
A Y P N U A Y C O O K W A R E O B C
```

UNITS OF MEASUREMENT

```
T L T N O Z G L K I R R E K N Y C V
E E G Z Y M G I P Q W C I B Y Q E C
H K N P G Q T T I E H N E R H A F T
K I L O M E T E R T N X B T A Z X H
K I G R A J A R Q U Y N Y A X D D C
G S L A Z H W G N P F Y O B M G K P
E P J O U L E R Z U X V H L E L I M
Q V L M G M T Z R N J N P E C R G F
B A R R U R Y N V O B T M S N W K J
J J J F E J A E I O L K K P U D V T
A P O O B W R M D P O E J O O C O A
H A C U O D D Z E S B C D O Q H D I
V G M V O U Q W G A L L O N V X T F
M O E L H Z Z T R E H V F Z G V F W
I B L A M P E R E T C E L S I U S Q
C E N T I M E T E R N W H E U Q X Z
G L S Q B I O D E C I B E L M R E K
G X H J R Z G X D K M X M X L E Y J
```

TREES

```
Z G W L I K D O T R Q T L I I R L S
S Z R L P X T I M B E R N X O Q B D
H B H L S P G A S H A A D R N E S V
A S W K D I G R T D P S S G X N R Z
X E J N O N Q B Z A X P P K W M N Q
J H U O O E C O N I F E R M A Q C Q
I C N L W B F R U O Z N U P P A D E
K N I B D W V E G U T H C K H N E P
A A P F E G R T Q Q C S E E F Q H X
S R E Y R O N U H E N E Q A P L L F
Y B R K M X B M E S Z U D B B G M L
S J P A E E F B M N L M P A I C V O
C U C O K O Y R L W T G M N R W N E
Q Y H Y R M A H O G A N Y O C C P G
S O B E K L A L C A E G M S H V A C
S F S B P B L P K A M Q X D D N C F
O T T O P I X N L T I G C X F Y N S
V K P V W H P Y Q E N G V M E E R B
```

124

NATURAL PHENOMENA

```
Y T V T K B L O O D F A L L S S V T
G L A H O T S P R I N G E L E U S E
P E X P F H S W P T I F M Q I N R X
T V L N B U C C E C X Q M S O W C B
S Q N D K N V R E V E T U S A Y E Q
N J C Y X D I B H S A N D J J J F D N
C D Z Y R E E W T O S W S B O Y N X
S R A S Z R C K O E W S L L P E O S
O O Q Y G U O U T A Z U I A H S E O
E U Y G I P E E U B U N D E D P A L
F G Q F O R E S T F I R E P Y I R A
L H U R R I C A N E P I O A F L T R
H T A O T G Y R G C M S N R L C H F
K B Y L Z T B G E Y S E R S A E Q L
H T O Q J K H N E B G J G V Q U A
D Y P S M S A F G A F W O B N I A R
G A G C T I K Z F F W O R R A J K E
V X B O L A N D S L I D E E S I E A
```

HOUSEHOLD ITEMS

```
X P Z K F R Z J R S B U G Q I O N F
W W F F N O O B N M F Y L O K L O G
N P U W Z M T R A S H C A N R U P G
L Q R X I C H O O W H H S C E Y E Z
L J N B L Y Z O T K C Z S F L D U H
B M I B P A O M B G U Z W C T Y R F
J Y T E L E V I S I O N A J T P N S
D I U D Q L A M P K C A R L E W O T
C O R E N Y B S C L O S E T K U R M
V W E L K U N V H F A C H G O W I X
Z I K K S T O R A G E T F O B K R V
W N R T A P P L I A N C E S X Z Q Z
V G K D R N W A R E Y R D S R O S H
L W U T E O V U C O V D T L E Q O G
W C I C Q H T N P N W R X N O A J C
G Y C T N F B D W C D R N Z Y A Z Q
V M K E U G A R A G E P B D R R E F
B H D K J X R Y M N I W H F O D B C
```

FISHING

```
A K I T R I T G Y T E R Z X M M A N
I G K D E S R N N X Y N L M O T G X
Q S B K L O O H S I Q H D M W L F S
S O I Y U P U A E E R T H Y K M N N
M P K P G G T D W B K R A V Y U J F
K B E I H X A D A D A X E O G H H F
G R Z R M O M O N K F I S H W J O N
P E F F C O O C G X F G T C B W Q L
L D H X A H S K L I D I N N N W H S
E D N F T A F A E O F H S A L M O N
D A G T F L Z B R E E L L K E D A W
D L D Q I I I Y G D G D V A H X Q Z
I B M H S B U N L S I Z I S X C U D
Q M K Z H U W T E F I N Q K T Q T X
G I W H I T E F I S H K E K E Z P G
Q W T R O E E Q S K M A C K E R E L
A S O L F O D N D Q K W E O A R I J
Y T Q A N M O Y B A R R A C U D A O
```

FICTIONAL CHARACTERS

```
P W F M J T Z W I A H D J W E F V L
V A M P I R E K F J D N I A L L I V
W L S J T S I N O G A T O R P O V F
R I X U O U C R E C C H V J O W T Q
E E Z B V U E O B H S G O D D E S S
L N E A Y H B Q J A O T O B O R I E
F I G A R A U M Y K B C P G W E N E
V N U E H D U G E N I Y R I E W O H
C T P N Z S Y L Z O M B I E R B G P
X U S O R C E R E R B O N N D A A N
S Q J P W K M M U E W R C G I K T G
J I P U K Q U X D H Y G E Y G H N E
M G D M Q E T H G I N K S H H T A A
R U D E W O A R Y T R N S G M F O L
O V H E K G N M O N S T E R E J F P
K C D Q Y I T V P A O Z O K P P L X
W Z Z L K R C T B Y U X U X C A P R
L E T U L A A K V X R N Q E W Z K J
```

METALS

```
U N R O K V N S O X I D A T I O N P
C S T Z U H X O Y Y S R J W L E J S
C Y L G U G O L D O G W E L D I N G
I O G E A S K D L Q L M L L C T M C
J E N J K K J E I S P L E A K R J H
H Z I D Q C E R Y P D E A B H H C A
J N T S U E I I V L T W Y F H N M M
H G S M U C Y N J S S A R B Q U O E
E G A E X C T G N I T A L P I I I T
C E C L R O W I P L A T I N U M C A
H E E T V B J B V V C L A X A G H L
K Z U I F A O U O E O T U G T E R L
A U S N E L N V F R I O N M Z O O U
X A J G R T T I R T E E G J I N M R
Z E S T R V G K Z J T P N O J N I G
V A J C O R R O S I O N P S J O U Y
E C J Y U Z I N C B N C P O F U M M
D B N N S S S L B V J G V A C I U J
```

WRITING

```
V C I C F D O Z U A M K E N Y D L V
T F W L U M S T O R Y T E L L I N G
P R O O F R E A D I N G L W R A S B
E X Y N X U N O O G N I T F A R D B
F S M A H Z T F I B U R W M C Y V Q
H R O R D L E G E Q B B C B Q M L M
B Q B R W G N I L L E P S G J X V C
H L D A P I C W O X U U X Z O T V G
B T G T T M E T A P H O R U U M N Q
N N Y I E A W V Y N A S G L R I P A
G F D V Z N R E O P Z R F A N P P E
G E I E D U S O L Q E T A I A Q K H
J H J Q K S I O H D D W L G L P I I
W Q J F A C T X T T O T R V R N U B
U X P Y A R H Y M E U J G I Q A A G
C N O N F I C T I O N A X I T Y P B
H Q E Q U P Q K V Q R G T N X E D H
G W M R E T C A R A H C E U W N R I
```

SOCIALIZING

```
K B U C G A C O M M U N I T Y I P N
U U T N Z Z I N T E R A C T I O N V
Q W I E V S T Y R Z M M R M Z D R E
E K C T C O N V E R S A T I O N S T
Q Q O W Z C F Q G L P A W F G A M I
C A N O F I R N B K I J I G C M A Q
D V N R N A I O B T H C N I R Q L U
T B E K F L E Y I J S I D E D Z L E
J K C I G M N P A D N O U S W B T T
R T T N L E D B D E O N R A E O A T
B P I G C D S B T X I W I S F N L E
L M O F U I H S D O T R W X G D K J
Y S N X D A I S N G A T H E R I N G
Z V F C J L P X O Q L J F T H N U A
C C M B X U S R J M E E T I N G Y S
Z X N C O L L A B O R A T I O N U U
S N O I T C U D O R T N I S I H X X
D C O M M U N I C A T I O N F S U Z
```

WOODWORKING

```
U Q R F Q C N D O I T Q Q Z N X R N
B A N D S A W A B J I O D E P Q A Z
C F I F C L I A T E V O D F Z P J F
V T A C S I C A R V I N G M Z K O O
H Q R P F P L A N E T O O L D S I V
B G G G Y E F N R F I N I S H I N G
M P D A M R E M C P O N M A L L E T
L Z O Y S V U X J E J E P X Y R U
A W O O D G L U E S V N E B O N Y R
W J W K D W Y E B M V J T R J I D N
C F I M H L Z T W O S E A E F A Q I
G K X T B E U W J O O G N B R T Y N
R O R Z O R H T D T D S I E L S R G
N E V A R N I S H H Y O M E J B M Q
U E L P W X K P E I T K A O L R M I
Z Z F L A T S A W N E O L M I T V M
D N A J I O O B R G R R S J K K J S
U S D I J F Y P D W R J M R Y L G H
```

126

SINGING

```
P S S F C T E Y T L V W G M F J X G
O Q Z N O I T A T E R P R E T N I Q
H I D I A P H R A G M G Q C T R R T
F N X U E C S B N W D A L I Y Q T P
K D F V O C A L I Z A T I O N I P T
Z P P Y K J Z P M Z N H A V G H I Z
L H N C H J J K P Q N S Q D P Q M G
Q L J E O L N H F E G H S A N K P E
M E Y J L N Q Y V R L A F E J P R Z
B G P U T J C G I C X L V H U T O R
G B I G P W B E Z F D J A T G E V Z
I U T T I Z A I R A C Y U I D A I N
Y E C H O I R G T T E W D K G C S P
R Y H Y M N I N O I T C I D R U A L
F A L S E T T O N C A N T O L I T J
K V S M N P O S E J Y O I I P W I S
V J D A T Q N S V J S C O Q R M O B
Q A I W Q T E N O R S O N O S I N U
```

COLLECTABLES

```
E M L O O K F I M T C F X E B B R O
P T N I G A L K H E O U R I W L P Q
E W X M H W F R W G M Q B E J F E H
C O L L E C T O R S I G P U D I V W
L O Y L Z G K W Q O C Z P I Q G H A
F D I F H S N T R C B Q Z A A U H Y
B A M N K S L R C I O T T I N R S X
M U M A S M P A I G O A T L T I O B
D C T D K N K I B F K J I I I N H M
R M A T C H B O X E S P I B Q E J C
D E A D O L L S D G L O S A U S N A
W D O P H N H Q S S G S T R E G X J
V A P G S T S W T E W T A O S K G I
O L X L N J P A O H U C M M R C M E
Z M S R N W V Y C M A P E R G E K
W N T F Y M P O S T E R S M N T W Y
S H P A R G O T U A Y D C K A Y R Q
X P D L E W B N B W I S A O T Q I T
```

TRAINS

```
Z O K D M G K W S I W Z M L V J E R
R Z N E X P R E S S T R A I N G B D
E V I T O M O C O L A O A E A K S N
M S D K Y L O Z O F H C N I J L I U
L H O F F D S N B L O U R H L L G Q
G E Z O W O W Z C N S R Y T H W N K
K C N L B M X Q D C A D H N F T A U
Y O U N K A J U N C T I O N R L L Y
W M M B U I C C M B O V H Z E S Q K
O P H T W T N X A V S M H A I D U S
E A T B O E C C N M E X M T G L N G
G R W R L E E X P R N E N U H F Z R
P T A A A L U X C O U C H E T T E H
A M Z K P C S E I F V I G Q Y E I S
T E U E U X K T Y T R A I L Y A R D
B N E M A M A S R A I L R O A D Z C
S T X A D T C N Y L V A O D I Q X W
S U T N S I K Y P P V G O W K S K C
```

CONVERSATION

```
G N D Y K C E C N E R E F N O C X M
U L D I A L O G U E J L Y S V J F J
J V I E G N N H M N C C I I L K C I
H W S E B X A Y W G O O R A M D T L
Y G C K S A V R Y A N L V R C E M L
V N U B U R T P T G N L E E H L S Z
V I S L B T L I B I E O R S I I Q C
B T S P T V X S N N C Q B M T B U S
N C I I W C U S P G T U A D C E E P
O A O Q J R Z O Z G I I L H H R S E
N R N E A E Z G A G N A Y A A A T A
S E X P R E S S I N G L Y H T T I K
J T G H R O T U C O L R E T N I O I
A N S W E A R R G E W O L Y I O N N
S I X P J C V H U S C M R C L N V G
C O N V E R S A T I O N A L O K T R
Y M G J E U K J W X K F P V K B Y P
P P Q B D T L G P V H U M D V L E Q
```

127

MUSEUM

```
O L Q Z R O T A R U C F D C S A S T
T R E S T O R A T I O N E A X N S G
C U S E V I H C R A H X W Q D C D G
K A M E A Q C O N S E R V A T I O N
B F F Z N J T D H D Z U N E I E M W
A G O P T S N Y G A L L E R Y N N T
D M E D I E V A L N E B X I A T O N
T U D H Q Q O C S O Y G A N L P I Z
Z U E M U K R C A V E M A N P I T Q
G R F E I M W I R R S H B T S S A Y
P L U T T K F H U R W Q G T I I V C
G A N O I T A T N E M U C O D R R E
Z O Y Y E Q P O D J P R G N Q Q E X
T W K K S L M G G B B U F O P V S H
N A C W U Y D C L A S S I C A L E I
X A R C H A E O L O G I C A L L R B
M U S E O G R A P H Y X D T J K P I
O O W D M X O A D T V J V W E Z F T
```

PICNIC

```
S B J M Y N T P I C N I C K E R S C
K I T N Y U R S A N D W I C H E S Z
B T R L O G S E P P E S D R O E Q N
O B C K G G R I L L E D F O O D A H
G L O P S Y X M S O M R E H T J B Z
H O U U Y P I C N I C S P O T L S O
C Y N I Q L P S Y C Y W Q L J G Y Y
T N T V F L S I R S T V I C A M I L
Y G R U N F L E C R I G W P S T F E
X Q Y N B F J U E N L F R Z O Q E I
G T S V A F T L A T I P G D C L D S
O R I E F N O A C I U C A Q H T V U
E P D M M O T N W V Q J M S E E H R
L Q E X C U R S I O N Y M A W K W E
S P R E A D S C M E A D O W T S Z T
O C C X Q S Q A Q D R A Y K C A B W
F I P Q M S U N B A T H I N G B Z A
E N G C J I S T Z H F O G O G L X R
```

FRIENDSHIP

```
H E C N A T N I A U Q C A B U L R C
P L A T O N I C D D U T S M N S E O
V R C X G J W L Y L X U U U C C V N
I W C F P L R O L M O S R T O Q C F
F F E Q Z D P S A V J Y G U N P Y I
D W P I T I S E E G O M A A D H U D
Y R T F H R F N C U X P R L I O I E
B E A S F G U E G N E A E O T E R N
A L N T O X V S W Z L T S V I Y F T
K I C S R Y I S T H T H P R O N F I
K A E Y G T J V E W A Y E A N N E A
F B M M I S H A J K O D C Y A I Q L
S I K J V E T K V N A R T K L Z S I
B L O H E N F L I R T A T I O N P T
P I H S N O I N A P M O C H O B I Y
D T I K E H Q M Z G S P K N Y D V W
Z Y T A S H A R E D Q B C V E Z A Q
Q B V C S C O R D I A L Q F W S Y A
```

COMEDY

```
L G H X R M S L A P S T I C K U C U
G Z A U D B K E G W T K V R M H P A
P P Y N M R N L K Q L X E S S J V O
C B Y F H O A X Z O J L L T A P N B
H K B E W Q R I N Z J L D A C W T W
R Y E I I V P A R O D Y I N R H L J
I P E L T O Z E X O L Y S D A Y D O
Z C R E T S E J X F N G K U S Z X Y
Y G S R Y S U I E H I Y T P E A A C
H N X C W T L O W T C A S F S F X P
R I D I C U L E I B Y O Y M L K Q M
W S Q M Z Q C F N R X D M S E A M V
N U G O V X F M S L A U G H T E R Z
G M D C O M E D I A N L H R H U Q C
N A Q X L H J W U X T C I Z V E I P
S F G L A O L S L F Q I M H K Z W N
S Y V K X V W P V U W R R P A Q E V
B E N I L H C N U P B E K E C R A F
```

BIKE RIDE

```
B I C Y C L E A C O D D K Z Q J T T
L A Y H X D M O R I M S G H K P H S
I S K G U T K F A M S A C F S O H N
U N Z T O U R I N G T E M L E H D H
P V L R X I Y I K N S B L A K H L U
S P J A R O J O C Y I H X E R K X G
T N M I W I Q D K Y L S W S P E E D
Y J O L S A D D L E C M G L E S L H
A S U F R A M E X H Y L T E D P Y L
Z P N P A J I Y G F C X E K A R B A
H I T U B E S Y D T E B K C L R W Q
A B A X E W H E M C H A I N S A S W
M T I D L E I R K U B X B B T O B K
X R N D D P F L L O D I D X R Y T G
R S B H N L T X R T P W A H O C U L
T V I P A N E W F S P S O Z K S Y Z
W M K M H K R J S Z O A R X E N Y N
Q A E J V E S C V W R W P V Q L R F
```

CONSTRUCTION

```
F A S O Q B J T G W U V G R Z T G W
R Z A G Z A A K N S E N A R C C N Y
Z H L M I M F X I H I P Y M N Y W B
Q Y U O Z S C A F F O L D G O V Y F
I S V Z E A I V O O C U R N I K E T
O I G I J M N O O J A M Y P T T L M
C F N J S Y R K R B R B W P C M E D
C O I H T P D A C D P I A U U A C N
N U L M R B W Y C Y E N L K R S T O
M N I E U F R A M I N G L H T O R I
C D T Q C L L N O I T A L U S N I T
F A N S T O L J R M R W P R N R C I
W T L B U O U Z T T Y S E L O Y A L
G I H T R R M F A O V K Z M C M L O
Q O R N E I S X R Q R I K D X P P M
R N Q P H N E B N O I T A V A C X E
K H X F J G N E W E O P K X J N F D
Y S V I X O L M O P U W R P C W Y K
```

ANTIQUITY

```
T W A N C I E N T T E X T S D V K F
D V M L V S B R D O M Z L S U I P G
P B H X S C I L E R S N Z O A B A T
L Y O Z H A R C H A E O L O G Y R Y
L T Z S T C C L P L U I Y T F X T D
G F H J T R S H I N T T R T H C H N
N G O P V O I L S J A A T O D E E H
O N A S T P B B W R T Z E M M B N C
O R R C L O T V E J S I S B R A O F
E L A A W L X G T S D L K S Q R N D
S M H O Z I E C S W S I R E R B A G
M W P C P S M Z Z V D V E B E A P J
R C X I Y S P G L A D I A T O R S H
S Q L Z R X E F S N L C O O P I G J
P B D S A E R S D S I L K R O A D K
T P X W M C O L O S S E U M X N L P
Z P N H I E R O G L Y P H I C S J X
X E A O D A B F A J G J R L K G U P
```

HAPPINESS

```
T F C I F C O G A S P S B A G F N C
O D E L E C T A T I O N G R L U E H
C E W Q B W C X J T U C X Z G L E E
D T M E N H W N T Q R S S S C F N E
M R L G L D H A R E J O I C E I J R
E A M U E L Q O J T H R I L L L B F
M E E C E F B N O G Q S T U E L Y U
N H R S G S T E V Y V M J P B M Y L
I T R F J J Q L I C P M B L R E O N
F H I Y E V U Y A N R A D I A N C E
F G N J K R O B L K G E M F T T B S
A I E T N S A T I S F A C T I O N S
X L S N W O H C T L K Y R E O H Q S
C M S S C X T P Y D A O Z D N S T A
I I K A P P R E C I A T I O N K I X
X I P D O O S Y T D S M I L E S G H
O I N G Y Y T I V I T I S O P V I G
S L W F N F U W G L A D D E N F Y A
```

129

KNOWLEDGE

```
F M K H J E N D C N W L S A D M S A
H O E R U D I T I O N Q M V R I T P
U R A T I O N A L I T Y U T E N W T
F I N S I G H T I T T F Y D S D A I
H O N G R W S T G A O K W F I F D T
I C B T R Z Z J M M V M T H T U I U
L S Y R E T S A M R P O C N R L S D
Y F T J A L W Y C O M P E T E N C E
H S I T S P L M P F R X L T P E O P
C J R X O P K I T N E J L U X S V W
L I A O N A C N G I C S E I E S E F
U A L W I S D O M E F N T Y Y Q R I
L M C O N K R O C X N E N U C V A E
T U V H G P A M Z D S C I N D Y N I
S Y O W X V A W A R E N E S S Y Z Q
T L L O G I C T W K E X F R W A S C
E L E N L I G H T E N M E N T A F Q
M L Z K M Q Y N W J V D I H G V J K
```

GAME

```
E J P K E F W P F X Y Y L U G X A E
D L S L H N P V O B X G S Q A Q O P
T C I T K N D E I W L J J Y C D Y Z
K O M O H V K G D I E O H O J O K J
I M U L T I P L A Y E R O S E M G E
H P L J E C B J S M Y P U A W K S W
W E A S A T O C C C E G I P M W C C
M T T R M O A L G R X I E A H J I E
E I I Z D R R C A V P G W T D U T W
P T O P D Y D T H S N L A H A A C M
W I N S F H I P O I N T S F M R A Y
M O F F N V S C O R E A A K H Y T I
C N I W E F W G A G L V C F Z G O S
Q C A P T U R E H N U E E D A A G P
V E B E G N E L L A H C C M Z B Q P
K T W C W M X G M C J R B O E T H G
K A I A R H F S K S E L U R K N Z T
R C P L A T F O R M E R E A G W T U
```

COMPUTERS

```
I Z Y N E V F F I I X F G L N X N G
K M M O N R I D S C I H P A R G Y J
A R U H T T E Y P R V H V Q L I R W
K J N E K L V H E P W M Y J V H O Q
J U U O K B O W D S B N Y C F L M T
B E S D I U A Z Z H A R D W A R E O
V N R X G L F O T N R B L P W Q M T
L G N I L I P M O C E I A O V J C X
M S B D C L U A I D E M I T L U M Q
K S Z V K V G S O W M J Q K A W W Y
E E P N Z X K C K H A U N S B D L W
B B Y D E L N P E R I P H E R A L S
V V M B K T Y B E N L V A D O B K A
P Z O R O T I N O M E N F Y W I D O
D E U A J A N S J Y M K N T S E P K
V V S B L A R A B D B R Z W E A K R
U W E B C A M D I E Y Q C T R Z X K
Q U A S O D B L N H W G K E E I L U
```

TELEVISION

```
D S J A E F B I Q N K D J D W Z A T
H O V E J F E T W W N E D O S I P E
W Q C S S N E W S A N C H O R R R E
Y J N U L Y V J W Y A S G M N V C Y
A T M Y M O G X P O K Q E H S F O R
X N U T M E R E A L I T Y E E T M Q
M I T I A V N M A H E M J I R V M Y
W F T E L T I T B U S C L G J S E P
V X G S N B R O A D C A S T E H R R
C E E I A N F N Z R J Q T I H O C G
E Q N V K K A I V K Y D R U G W I Y
A G U E S A Q A I X V E E R V P A B
R X Q L I G Y Z E J S Z A B Q Q L B
D P A E L B A C W W A M M K T M S C
X J L T I E N T E R T A I N M E N T
E W Y I L U M Q R C Y P N T C B L E
K Z A D V E R T I S I N G Y P E Q X
B W O H S E M A G A B U K W P Y V T
```

BUILDINGS

```
H C L U L J P S M Q D A B N C Z N L
W H G R M P R Y U G H E I I U V N O V
C L E C A L A P C C D L T A M N I Z
O H N H N Q B Y A O N E S L A A T H
F M I A T L V S U R C V U N R U A V
R C I M O K T R U R O A A Q B L V F
P L Z B N L S G L I T T I I L S O E
Z Y B E E K P A D T O H W E C N N
V Y H R O I Y T A O A R A Q H O E P
H C R O P Y S F C R G Y W W F N R D
V O V K T X C A H M E U U E O C L C
Q V U A P A R T M E N T O T I R F V
K P N S D R A D L W F Y S D D E J H
F L L N E B P L A S T E R E U T C E
G J F T J M E T E I M X A M T E B T
K M H S A S R K O I O Y E C S M P T
A O P Q L A O A L J D Q J H O H Y Q
I O V Y D V A M S Q S K A G A E L I
```

BEVERAGES

```
T J X K U E K C N O U R I S H I N G
E C R V D A F O P B E D M A Y G S L
K I K Z M H P V B E P P I L D C C Y
P A M G B B H C B I H R B E R O E D
B F D I L H L A O Y M B B M A C S J
F X V N P G Q G N F U R C O T K Q A
A R F V F R D B S B F A T N I T U J
F J S I W Q H C M M E E H A N A E L
N R G G N I Y F I X O T E D G I I F
M A R O B E N N L T A O L E Y L E C
U C G R J U I E K L R B T Q Z K O Q
F O A A Y J C J S W Y U F H Z N J K
W Z F T C J E Z H A O H S I I U F P
V F X I Y J D Z A T L B W Y F E U P
G M R N C U T D K E B G R T K F G D
S B B G B D E N E R G I Z I N G F W
A Z E E L B A K N I R D T L L P F B
I N C K Y Q S W U E H N O W L A Q V
```

MYTHOLOGY

```
C F A O D J Y K G C T V H S B H C R
B G M B G U I M T J H P E T X K U X
M V B M N N B D Z K H A R R O T Z Z
U O R A C L E M Q T G N O K Q E U K
H R P I W I O V Y U P T A S U A L W
I I W Z T N E M T N A H C N E U P D
A T H Y C K S A J N Y E S W S D Q A
P U C C N M D I D Q D O U Z T G F U
Q A O H C Q I Y M M V N P R G F E N
I L R X X H V M B M W X E M K O Z V
E P I C T G I J N Q O L R G Z L E U
B H S T H E N S G W B R S A E K K I
Z T L N O E I T P A P W T D Y L J H
I G O M E I T J F O Y E I A R O C K
M B D S P M Y Y F E W N T D L R K G
K M E T A M O R P H O S I S F E M T
Y U V G K U Y N Q E P R O P H E C Y
G X N L L E H R A C S S N M W G X T
```

CONSTELLATIONS

```
M K X R O R M S Q P V O P D S E I C
T X X F O N C O X Y G N W G W C P X
Y F L P G Y W A P T B S A C H D E C
G F C M E V G V S J C Q T G E U R I
Y L R Z O D I A C S E N T S T W S V
A I L M V L O R V Q I C C L P A E S
T Q T S A J C M G P E O Q K Z S U T
O K U R S A M A J O R C P Q J I S N
I H T L V U Q I O P O V C E R C D S
F S H F V X M U I D Q G G A I Q T K
A Y M U B Z G U A K O M T C R A B S
L Q E Y X E S B N R O T Y T U I C M
R U U L M O S A N C I Q M R S H N B
R O B I H W R I A G O U U M O K O A
R R N Q L Y D R A P T S S R Z P C C
I I M N L A D S Y G S J M G X X Z J
U O Q U D C P R M A J J J O U A Q V V
A N D R O M E D A B N B K P Y O D C
```

OCEANS

```
N N U D B S H I P W R E C K V S W B
S E A G R A S S R G R V P B E A C H
F E K W L H L C K O L T W S U L U I
U Z V D U E L G H Y H G H U R T S R
B A S A S C Y S A U L C T O B W H D
J S K F W H A L E E V F N I C A A H
U U E T A E T V G R R O W A D T R T
H B K A S R O Y C U C G T P B E K J
T B U U F A L I S S H A R B O R S T
T W T J Z L L P W A Y L A G O O N N
Z Y R G U S O W Z E V E W J U P Y T
A P O C E A N O G R A P H Y U E A M
J K S U L L O M R T F I A Z T O R B
N Z Z X C I V V D Z P H C V B Y U P
X B Z X Q N O E N U V C D L P U D M
S N A F Z I F G A W Z R I X U N Z P
J Y U W J T W T S U N A M I L E B B
C D X T D Y W I H S S I G C C Q Y P
```

ART SUPPLIES

```
B R B K Z F N X R N E E G E E U C A
Y X G V Z B I I C X O Q V V U A N O
P B A C R Y L I C S O M K C N O S G
C Q P H D G G V Y C P K H V P P V B
Q S B A W I Y G L S V S A K A R S O
C G O R N V R A L C T S Z I S S T Z
R I V C X F Y I J F S E N N T L V L
O T P O L K O R K G X T L R E E S O
K B G A P P S B I R B T A H L X K R
Q L Y L M A M R Z R A E Q K S D E Z
B C Q C U I O U U L S L I C N E T S
W M A R K E R S N Z E A G N D T C Q
A F U A V D H H Q C Z P A M X F H L
M R N Y D E P O X Y R E S I N G B C
O N B O S L E S A E Z C O L I J O R
L P E N C I L S E K I G W Z V N O W
P Z I S Y C Q W R F K B C H A L K I
Q C G B F C W A T E R C O L O R S Y
```

SPICES

```
T T M I Q S Q Z Y O U V C W R S R X
C A R D A M O M E G K T P W P E H R
P M H P T Y C P O I S R Q C F V E H
I P V K X Y H N G N Q E N O N O G H
Z O W P E E I R A G A F I P J L F Q
E D C L E M L G P E L G T A X C B D
T M I R U P I J K R Y I E P I U B F
S H N C R T P F L O R A L R C T X A
M G N D E G O E W M E G E I O T D F
Y Y A T D D W U R A J M G K S E V U
K M M V N H D B X Y R N N A A A H Z
X W O J A A E I M U T M U R F R B L
G Q N X I X R G T H H K T Q F G T J
W Y K J R B Y G Y I J H M L R F F E
G S F R O S E M A R Y F E J O W T W
L G R O C S E I X R N C G B N E B I
N R J P O V L A D G F F B M R E B C
B U M W X P G W R T A U G J A D V S
```

PLANETS

```
B D S U N O G A N E E L E G M U A W
Y J X X I W K V H G N C R V U Z V K
G H Q U X J C F P F R U N R I G V F
F S K N P T M G J U P I T E R H Y G
R I E I S J E O L R I V N P F M J T
B O A Z V S R T O A R X E G E Z Z E
H L T Q B O C I U N N A J V S N R R
B Y W A X A U V B U I M A I O W D R
S L R X T L R Z P S G J M U L G I E
X W B H X I Y A B S A M A A A A G I S
Y X W W W E O W V N S Z Y O R B I T
S A T U R N P N M J G S D Q S S X R
O L Z A K W T A Z V I U N D Y I L I
I V V P R O T O P L A N E T S X J A
M U A D T R N Z T I N E A R T H Y L
G R E D P L A N E T T V P X E T K D
D B A F X D E W X A I S N B M R C T
P A Q W X L S M B R K C S G P K X H
```

Made in the USA
Middletown, DE
16 June 2023

32744752R00075